Border Co
Erziehung

Entwickeln Sie durch gezieltes Training eine einzigartige Beziehung zu Ihrem Border Collie – Alles Wissenswerte über Wesen und Charakter des Border Collie

Johann Schwegler

1. Auflage

1. Auflage

Bibliografische Information der Deutschen Nationalbibliothek

Die Deutsche Nationalbibliothek verzeichnet diese Publikation in der Deutschen Nationalbibliografie, detaillierte bibliografische Daten sind im Internet unter https://portal.dnb.de abrufbar.

Druck/Auslieferung: Amazon oder Tochtergesellschaft
Independently published

Inhaltsverzeichnis

Vorwort

Haben Sie gerade einen neuen Border Collie bekommen? Ob Welpe oder erwachsener Hund, Sie haben gerade einen neuen besten Freund bekommen, der Ihr Leben für mindestens ein Jahrzehnt erwärmen und bereichern wird. Sie haben eine gute Wahl getroffen! Ihr neuer Hund wird gerne an Ihrer Seite bleiben und Sie ein Leben lang lieben. Er wird eine großartige Ergänzung für Ihre Familie sein und all Ihren Lieben jahrelang Freude bereiten. Ihr Border Collie kann Arbeit für Sie verrichten und Ihre Sicherheit, Ihr Zuhause und all Ihre Besitztümer, die Ihnen lieb und teuer sind, bewachen. Sie werden sich viel amüsieren und vielleicht sogar einige wahnsinnig niedliche und lustige Videos von Ihrem neuen besten Freund drehen.

Die Beziehung zu Ihrem Hund sollte stets eine positive sein. Niemand möchte einen wilden Hund, der sich nicht kontrollieren lässt. Der Aufbau einer guten Beziehung zu Ihrem Hund von der Minute an, in der Sie ihn nach Hause bringen, wird sicherstellen, dass die kommenden Jahre erfüllende Jahre werden.

Der Aufbau einer guten Beziehung zu Ihrem Hund erfordert viel Training. Aber lassen Sie sich davon nicht überwältigen. Wenn Sie sofort mit dem Training Ihres Border Collies beginnen und die in diesem Buch beschriebenen Methoden anwenden, werden Sie keine Probleme haben, einen freundlichen und gehorsamen Border Collie großzuziehen, der Sie respektiert und auf Ihr Kommando hin tut, was Sie wollen und wann Sie es wollen. Hunde sind von Natur aus loyale und liebevolle Geschöpfe, die ihrem besten Freund und Meister – also Ihnen – gefallen wollen. Sie müssen ihm beibringen, wie er zu gefallen hat. Bringen Sie ihm bei, dass Ihr Wort Gesetz ist und dass er auf Sie hören muss.

In diesem Leitfaden erfahren Sie alles, was Sie über die Ausbildung Ihres Hundes wissen müssen. Sie werden lernen, wie Sie ihn richtig disziplinieren können, um problematische Verhaltensweisen zu beenden, bevor sie aus dem Ruder laufen. Sie werden auch lernen, wie Sie Ihren Hund dazu bringen, grundlegende Befehle zu befolgen und sogar einige coole Tricks auszuführen.

Die Beziehung zu Ihrem Border Collie besteht nicht nur aus dem Training. Es geht auch um die Bindung. In den folgenden Kapiteln werden Sie lernen, wie Sie sozusagen das Alphatier werden, damit Ihr Hund auf Sie hört. Gleichzeitig werden Sie lernen, wie Sie ihn lieben und mit ihm spielen können. Ihr Border Collie sehnt sich nach Ihrer kommandierenden Alpha-Präsenz und -Stimme. Aber ein Alphatier zu sein, bedeutet nicht, dass Sie nicht jede Menge Spaß mit Ihrem Hund haben können. Es bedeutet auch nicht, dass Sie sich gemein oder aggressiv verhalten müssen. Festigkeit ist das, was Sie anstreben, nicht Gemeinheit.

Sie sollten außerdem wissen, wie Sie sich im Hinblick auf Pflege, Ernährung und Gesundheit um Ihren Border Collie kümmern müssen. Ihr neuer Hund braucht die richtige Ernährung, Pflege und tierärztliche Versorgung, um gesund zu bleiben. Sie können gesundheitliche Probleme verhindern oder abmildern, indem Sie Ihren Hund richtig füttern, ihn jedes Jahr zur Kontrolle zum Tierarzt bringen, seine Impfungen und Wurmkuren rechtzeitig verabreichen, ihn geistig und körperlich trainieren und ihn richtig pflegen.

Wenn Sie sich einen Hund zulegen, wünschen Sie sich wahrscheinlich, wie die meisten von uns Menschen, einen besten Freund. Diese beste Freundschaft ist nur möglich, wenn Sie von Beginn an handeln und Ihrem Hund beibringen, Sie zu respektieren und zu gehorchen. Es ist auch entscheidend, dass Sie zu Ihrem Hund eine Freundschaft aufbauen, in der er zu Ihnen als seinem Herrchen aufschaut, Ihnen aber gleichzeitig auch vertraut und in Ihrer Nähe sein möchte. Wenn Sie vom ersten Tag an sanft, aber bestimmt mit Ihrem Hund umgehen, ist dies der Schlüssel zur Bildung einer dauerhaften und vertrauensvollen Loyalität, die lange währt.

Kapitel 1:
Geschichte des Border Collies

Der moderne Border Collie gilt als eine äußerst intelligente, athletische und energiegeladene Rasse. Die Rasse hat ihren Ursprung in Northumberland an der Grenze zwischen England und Schottland und wurde über Jahrhunderte hinweg zum Hüten von Schafen entwickelt. Die Ursprünge der Rasse sind umstritten, obwohl sie wahrscheinlich auf die Römer vor zweitausend Jahren zurückgehen, die ihre Viehtreiberhunde mitbrachten, und auf die Wikinger, die vor etwa 1200 Jahren in diesen Teil Englands eindrangen und ihre spitzartigen Hunde mitbrachten. Unabhängig von seinen Ursprüngen gilt der Border Collie heute als der ultimative Hütehund mit einem natürlichen Instinkt für das Hüten mit Hilfe seines „Auges" (Kontrolle des Viehs durch stilles und kontrolliertes Anstarren), der mit keiner anderen Hunderasse vergleichbar ist.

Old Hemp, ein dreifarbiger Hund mit rauem Fell, der 1893 von Adam Telfer aus einer starkäugigen, zurückhaltenden Mutter und einem lockeräugigen, aber gutmütigen Vater gezüchtet wurde, trieb die Schafe intensiv, aber leise an, im Gegensatz zu den lauteren Hütehunden der damaligen Zeit, und war weitaus sanftmütiger. Old Hemp wurde daher ausgiebig gezüchtet und zeugte über 200 Welpen, und alle modernen Border Collies können ihre Abstammung bis zu Old Hemp zurückverfolgen. Er gilt als der Stammvater der Rasse. Der Begriff „Border Collie" wurde erstmals 1915 von James Reid, dem Sekretär der neu gegründeten International Sheep Dog Society (ISDS), verwendet, um die Rasse zu beschreiben und sie von anderen Collie-Rassen abzugrenzen. Die ISDS richtete das erste Border Collie-Register ein, und Old Hemp wurde postum als ISDS 9 registriert.

Zu dieser Zeit gab es bereits „Hüteprüfungen" als Wettbewerbe, die die freundschaftliche Rivalität zwischen benachbarten Landwirten und deren Stolz auf ihre Border Collies widerspiegelten. Der erste dokumentierte Versuch fand 1873 in Wales statt. Die ISDS wurde

1906 mit dem Ziel gegründet, den Schäferhund zu verbessern, und veranstaltete kurz darauf die ersten „International Trials", bei denen die besten Hunde mit dem Titel „International Supreme Sheep Dog Champion" ausgezeichnet wurden.

Eine bedeutende Entwicklung der Rasse fand im neunzehnten Jahrhundert statt. Königin Victoria lernte die Border Collies auf ihrem Landsitz Balmoral kennen und die Rasse wurde zu einem ihrer Lieblinge. Während ihrer langen Regentschaft besaß sie viele Border Collies. Sharp, ein Border Collie mit glattem Fell, wurde 1854 geboren und wurde zum Lieblingshund und ständigen Begleiter der Königin. Zu den späteren Lieblingen gehörte Noble, ein rauhaariger Border Collie. Die Schirmherrschaft der Königin führte dazu, dass die Rasse nicht mehr nur von Schafzüchtern gehalten wurde und gegen Ende des 19. Jahrhunderts war sie zu einer Moderasse geworden, die sich von einem rauen Arbeitshund in einen eleganten, kultivierten Hund verwandelt hatte. Zu dieser Zeit entstanden die ersten Collie-Zuchtvereine, die Hundeausstellungen sponserten.

Außerdem wurden Border Collies während der Kolonialzeit um die Welt gebracht, um bei der Schafzucht zu helfen. Vor mehr als 200 Jahren wurden sie erstmals in Australien eingeführt, und Mitte des 19. Jahrhunderts kam es zu Kreuzungen mit dem einheimischen Dingo, aus denen der moderne Kelpie hervorging. Der Kelpie ist heute die bevorzugte Hütehundrasse in Australien, die mit dem rauen australischen Outback zurechtkommt und große Teile des australischen Outbacks erschließt, die sonst für Schafzüchter unzugänglich wären.

Kapitel 2: Anfallende Kosten sowie Arztbesuche

Sich einen Hund anzuschaffen bedeutet nicht nur, sich irgendeine Rasse zuzulegen, von der Sie gehört haben, die beliebt ist oder die Ihr Nachbar hat. Es gibt so etwas wie die Verträglichkeit eines Haustiers mit seinem Hundebesitzer. Nicht jeder Hund ist der richtige Hund für Sie. Sie müssen sicherstellen, dass er von seinem Wesen her zu Ihnen, Ihrer Familie und der Umgebung, die Sie haben, passt.

Dieses Kapitel enthält Informationen über die Vor- und Nachteile der Haltung eines Border Collies als Haustier. Es behandelt auch die durchschnittlich anfallenden Kosten und die Lizenzierung, die erforderlich ist, damit Sie ein rechtmäßiger Border Collie-Besitzer werden können, wenn Sie sich dazu entschließen, einer zu werden.

Brauchen Sie einen Hundeführerschein?

Bevor Sie einen Border Collie kaufen, sollten Sie sich über die örtlichen Lizenzanforderungen informieren, die Sie betreffen könnten. Die Lizenzanforderungen für Hundehalter variieren von Land zu Land, daher müssen Sie möglicherweise selbst ein wenig recherchieren, um festzustellen, ob Sie einen Hundeführerschein benötigen oder nicht. In Deutschland gibt es keine bundeseinheitlichen Anforderungen betreffend eines Hundeführerscheins.

Versteht sich der Border Collie mit anderen Haustieren?

Glücklicherweise zeigen Border Collies im Allgemeinen keine Probleme mit anderen Hunden. Ihr Verhalten kann jedoch variieren. Einige lieben es, neue Freunde zu finden, andere sind schüchterner und wollen keine Sozialisierung. Border Collies kämpfen aufgrund ihrer freundlichen Persönlichkeit selten mit anderen Hunden.

Welche Kosten werden anfallen?

Die meisten Menschen, die einen Hund besitzen möchten, sind sich nicht bewusst, dass die Kosten mehr umfassen als nur den Kaufpreis. Der Besitz eines Haustieres bedeutet, dass Sie es in Ihr eigenes Budget einplanen müssen, denn die Ausgaben sind so regelmäßig wie Ihre Lebensmittel- und Stromrechnungen. Die Ausgaben für Ihren Border Collie beginnen schon, bevor Sie ihn mit nach Hause nehmen, denn Sie müssen sich auf seine Ankunft vorbereiten und eine Kiste, Spielzeug, Zäune oder Tore für den Innenbereich und Futternäpfe kaufen. Zur Verantwortung eines Hundebesitzers gehört es auch, für seine Bedürfnisse zu sorgen. Bevor Sie also einen Hund mit nach Hause nehmen, stellen Sie sicher, dass Sie mit den Kosten mithalten können. In diesem Abschnitt erhalten Sie einen Überblick über die anfänglichen Kosten und die monatlichen Kosten für die Haltung eines Border Collies.

Monatliche Kosten und Arztbesuche

Die anfänglichen Kosten für die Haltung eines Border Collies umfassen die Kosten, die Sie decken müssen, bevor Sie Ihren Hund mit nach Hause nehmen können. Einige der anfänglichen Kosten, die Sie abdecken müssen, umfassen die Kiste Ihres Hundes, Futter-/Wassernäpfe, Spielzeug und Accessoires, Mikrochip, erste Impfungen, Kastration und Zubehör für die Pflege und das Abschneiden der Nägel – dazu gehören auch die Kosten für den Hund selbst.

Nachfolgend finden Sie eine Übersicht über die einzelnen Kosten:

Anschaffungspreis – Die Kosten für den Kauf eines Border Collies können stark variieren, je nachdem, wo Sie den Hund finden. Sie können einen Border Collie aus dem Tierheim bereits für ca. 150,00 € erwerben. Aber der Kauf eines Welpen, vor allem eines reinrassigen Welpens von einem Züchter, könnte noch sehr viel teurer sein. Die durchschnittlichen Kosten für den Kauf eines Border Collies liegen zwischen 1.200,00 € und 2.200,00 €. Seien Sie vorsichtig, wenn Sie von nicht registrierten Züchtern kaufen und überprüfen Sie deren Glaubwürdigkeit. Stellen Sie sicher, dass der Welpe völlig gesund ist.

Kiste – Der Border Collie ist ein großer Hund. Die durchschnittlichen Kosten für eine Hundebox liegen bei etwa 60,00 €.

Welpenausläufe/Zäune – Abgesehen von der Kiste müssen Sie für Ihren Welpen einen Raum schaffen, den er als seinen eigenen anerkennen kann, in dem Sie sein Bett und seine Spielsachen aufstellen. Die durchschnittlichen Kosten für diese Zäune liegen bei ca. 70,00 €.

Orthopädisches Bett – Es ist ideal, Ihrem Welpen schon früh beizubringen, dass es für ihn einen bestimmten Platz zum Schlafen gibt. Und Sie möchten, dass Ihr Hund es so bequem wie möglich hat, daher ist ein orthopädisches Bett sehr empfehlenswert. Gute orthopädische Betten erhalten Sie bereits ab ca. 60,00 €.

Futter-/Wassernäpfe – Sie sollten Ihrem Hund nicht nur eine Kiste zum Schlafen zur Verfügung stellen, sondern auch dafür sorgen, dass er einen Satz hochwertiger Futter- und Wassernäpfe hat. Die besten Materialien hierfür sind Edelstahl, da es leicht zu reinigen ist und keine Bakterien beherbergt. Wählen Sie Schüsseln, die schwer sind, damit der Hund sie nicht umstoßen oder umkippen und eine Sauerei verursachen kann. Die durchschnittlichen Kosten für gute Edelstahl-Schalen liegen bei etwa 20,00 €.

Spielzeug – Geben Sie Ihrem Border Collie viel Spielzeug, damit er nicht auf Dingen herumkaut, die nicht als Spielzeug geeignet sind. Sie können auch zur geistigen Anregung und Bereicherung verwendet werden. Für den Anfang sollten Sie eine Auswahl an Spielzeugen für Ihren Hund kaufen, bis Sie wissen, welche Art er bevorzugt. Planen Sie vielleicht 60,00 € für Spielzeug ein, um sicherzugehen, dass Sie genug haben, um die Welpenphase zu überstehen.

Zubehör/Accessoires – Zusätzlich zum Kauf der Kiste und der Futter-/Wassernäpfe für Ihren Hund sollten Sie auch einige grundlegende Pflegeprodukte sowie eine Leine und ein Geschirr kaufen. Die Kosten für diese Artikel variieren je nach Qualität, aber Sie sollten etwa 100,00 € für diese zusätzlichen Kosten einplanen.

Die monatlichen Kosten für die Haltung eines Border Collies umfassen die Kosten, die monatlich wiederkehren. Die wichtigsten monatlichen Kosten für die Haltung eines Hundes sind natürlich die Kosten für das Futter. Neben dem Futter müssen Sie aber auch an Dinge wie den Ersatz von Spielzeug und tierärztliche Untersuchungen denken. Im Folgenden finden Sie eine Übersicht über diese Kosten:

Futter und Leckerlis – Die Fütterung Ihres Border Collies mit einer gesunden Ernährung ist sehr wichtig für seine Gesundheit und sein Wohlbefinden. Eine hochwertige Ernährung für Hunde ist nicht billig, daher sollten Sie bereit sein, etwa 130,00 € für einen großen Beutel mit hochwertigem Hundefutter auszugeben, der mindestens einen Monat lang reicht. Sie sollten auch ein monatliches Budget von etwa 30,00 € bis 40,00 € für Leckerlis einplanen.

Andere Kosten – Zusätzlich zu den monatlichen Kosten für das Futter Ihres Border Collies und die Tierarztbesuche gibt es noch einige andere Kosten, die Sie gelegentlich bezahlen müssen. Diese Kosten können Dinge wie Ersatz für abgenutztes Spielzeug, ein größeres Geschirr, wenn Ihr Welpe wächst, Reinigungsprodukte und mehr umfassen. Sie sollten etwa 20,00 € pro Monat für zusätzliche Kosten einplanen.

Anfallende Arztbesuche

Mikrochipping – In Deutschland gibt es keine bundesrechtlichen Vorschriften, die besagen, dass Sie Ihren Hund mit einem Mikrochip versehen lassen müssen, aber es ist eine sehr gute Idee. Ihr Border Collie könnte beispielsweise beim Spazierengehen im Park aus dem Geschirr rutschen und abhauen. Wenn jemand ihn dann findet, kann er ihn in ein Tierheim bringen, um seinen Mikrochip scannen zu lassen. Ein Mikrochip wird unter die Haut Ihres Hundes implantiert und trägt eine Nummer, die mit Ihren Kontaktinformationen verknüpft ist. Es ist gewissermaßen eine Art Personalausweis des Hundes, der nur ca. 12 x 2 mm groß ist. Die Prozedur dauert nur ein paar Minuten und kostet in den meisten Fällen zwischen 40,00 € und 60,00 €. Nachfolgend finden Sie eine Auflistung bezüglich der Chippflicht in den einzelnen Bundesländern:

Baden-Württemberg	Die Chippflicht gilt nur bei Hunderassen, die als besonders gefährlich gelten.
Bayern	Kein Chip notwendig. Nur eine Tätowierung ist erforderlich.
Berlin	Chippflicht für alle Hunderassen.
Brandenburg	Chippflicht für alle gefährlichen Hunde sowie für alle Hunde mit einem Gewicht von mindestens 20 kg und einer Widerristhöhe von mindestens 40 cm.
Bremen	Chippflicht nur für gefährliche Rassen.
Hamburg	Chippflicht für alle Rassen ab dem 3. Lebensmonat.
Hessen	Chippflicht nur für gefährliche Rassen (nur vom Tierarzt einzupflanzen).
Mecklenburg-Vorpommern	Chippflicht nur für gefährliche Rassen.
Niedersachsen	Chippflicht für alle Rassen ab dem 7. Lebensmonat.
Nordrhein-Westfalen	Chippflicht für alle gefährlichen Hunde sowie für alle Hunde mit einem Gewicht von mindestens 20 kg und einer Widerristhöhe von mindestens 40 cm ab dem 3. Lebensmonat.
Rheinland-Pfalz	Chippflicht nur für gefährliche Rassen.
Saarland	Chippflicht nur für gefährliche Rassen.
Sachsen	Kein Chip notwendig und auch sonst keine Kennzeichnung.
Sachsen-Anhalt	Chippflicht für alle Rassen ab dem 7. Lebensmonat (nur vom Tierarzt einzupflanzen).
Schleswig-Holstein	Chippflicht für alle Rassen ab dem 3. Lebensmonat (nur vom Tierarzt einzupflanzen).

Thüringen	Chippflicht für alle Rassen (nur vom Tierarzt einzupflanzen).

Erstimpfungen – Während des ersten Lebensjahres Ihres Hundes benötigt er eine Reihe von verschiedenen Impfungen. Wenn Sie Ihren Welpen von einem seriösen Züchter kaufen, hat er vielleicht schon einige erhalten, aber in den nächsten Monaten sind noch weitere sowie jährliche Auffrischungsimpfungen erforderlich. Die Pflichtimpfungen betreffen:

- Tollwut
- Leptospirose
- Parvovirose
- Hepatitis contagiosa canis
- Staupe

Es gibt jedoch keine offizielle Impfpflicht für Hunde. Diese Impfungen sind lediglich als Empfehlung anzusehen. Der Begriff „Pflichtimpfung" ist daher etwas irreführend.

Die Wahlimpfungen, die in einzelnen Fällen sinnvoll sein können, betreffen:

- Babesiose
- Leishmaniose
- Borreliose
- Pilzinfektionen
- Zwingerhusten

Die Grundimmunisierung beginnt in der achten Woche und ist mit zwei Folgeimpfungen nach ca. 16 Wochen abgeschlossen. Erst nach dieser Zeit ist der Hund vollständig geschützt. Die erste Auffrischung sollte nach 15 Monaten geschehen. Der Weltverband für Kleintierärzte hält danach eine Wiederauffrischung der meisten Impfungen im Abstand von drei Jahren für absolut ausreichend. Die Impfungen gegen Zwingerhusten und Leptospirose sollten dagegen wirklich jährlich wiederholt werden. Sie sollten etwa 50,00 € bis 70,00 € für die ersten Impfungen einplanen, nur um vorbereitet zu sein.

Kastration – Wenn Sie nicht vorhaben, Ihren Border Collie zu züchten, sollten Sie ihn oder sie in einem Alter von etwa neun Monaten kastrieren lassen. Die Kosten für diese Operation variieren, je nachdem, wo Sie hingehen und je nach Geschlecht Ihres Hundes. Wenn Sie zu einem traditionellen Tierarzt gehen, können die Kosten für eine Kastrationsoperation sehr hoch sein, aber Sie können Geld sparen, wenn Sie zu einer Tierklinik gehen. Die durchschnittlichen Kosten für eine Kastration betragen 150,00 € bis 250,00 €.

Tierärztliche Untersuchungen – Um Ihren Border Collie gesund zu halten, sollten Sie ihn etwa alle sechs Monate zum Tierarzt bringen, nachdem er das Welpenalter überschritten hat. In den ersten zwölf Monaten müssen Sie den Hund möglicherweise häufiger hinbringen, um sicherzustellen, dass er seine Impfungen rechtzeitig erhält. Die durchschnittlichen Kosten für einen Tierarztbesuch belaufen sich auf etwa 50,00 €. Wenn Sie also zwei Besuche pro Jahr machen, sind das im Durchschnitt etwa 8,33 € pro Monat. Je nachdem, wie gesund oder ungesund Ihr Hund ist, steht dieser Betrag jedoch in Relation zu der medizinischen Versorgung, die er benötigt.

Vor- und Nachteile eines Border Collies

Bevor Sie sich für ein Haustier entscheiden, ist es wichtig, dass Sie es zunächst besser kennen lernen. Jeder Hund ist anders, jede Rasse ist einzigartig. Aus diesem Grund ist es wichtig, dass Sie sie zuerst kennenlernen, indem Sie einige Nachforschungen anstellen. Dies kann Ihnen helfen zu entscheiden, ob eine bestimmte Rasse für Sie geeignet ist. In diesem Abschnitt finden Sie eine Liste der Vor- und Nachteile eines Border Collies. Dies kann Ihnen helfen zu entscheiden, ob diese Rasse gut zu Ihnen passt.

Vorteile eines Border Collies

- Sie sind sehr loyale Hunde.

- Sie sind nicht zu groß und nicht zu klein.
- Sie haben wunderschönes Fell.
- Sie eignen sich hervorragend als Familienhund.
- Sie sind unglaublich intelligent.
- Sie können sehr gut trainiert werden.
- Sie lieben ihre Besitzer über alles.
- Sie sind gut erzogen, wenn sie früh sozialisiert werden.

Nachteile eines Border Collies

- Sie haben einen ausgeprägten Hüteinstinkt.
- Sie brauchen sehr viel Bewegung und geistige Anregung.
- Sie können zerstörerisch sein.
- Sie sind anfällig für gesundheitliche Probleme.
- Sie haben einen übermäßigen Haarwuchs.

Kapitel 3: Einen Border Collie kaufen

Wenn Sie sich bereits für einen Border Collie entschieden haben, dann gratuliere ich Ihnen. Sie haben ungefähr 10 bis 17 Jahre Spaß und Lachen, Liebe und Zuneigung, mit einer Prise Murren und Mühseligkeit vor sich. Aber wo sollen Sie mit der Suche nach Ihrem Hund beginnen? Sollten Sie in eine Zoohandlung gehen? Sollten Sie ihn online kaufen? Lesen Sie weiter, um die Antworten auf Ihre Fragen zu finden. In diesem Kapitel erhalten Sie außerdem wertvolle Tipps für die Auswahl eines gesunden Welpen und die Absicherung Ihres Zuhauses gegen Welpen.

Wo können Sie einen Border Collie kaufen?

Wenn Sie die Entscheidung getroffen haben, Hundebesitzer zu werden, beginnt der Spaß, sobald Sie sich auf die Suche nach dem Hund machen, der Ihr Herz erobern und Sie dazu bringen wird, ihn mit nach Hause zu nehmen.
Viele Menschen denken, dass der beste Ort, um einen Hund zu finden, die Zoohandlung ist, aber das ist leider ein großer Irrtum. Die Welpen in der Zoohandlung sehen zwar niedlich und knuddelig aus, aber man kann nicht wissen, ob sie wirklich gesund oder gut gezüchtet sind. Viele Zoohandlungen beziehen ihre Welpen aus Welpenmühlen und verkaufen die Welpen an ahnungslose Hundeliebhaber. Welpen aus Welpenmühlen sind oft schon krank, wenn sie in die Zoohandlung kommen und haben oft die Staatsgrenzen überquert, um dorthin zu gelangen.

Eine Welpenmühle ist eine Art von Zuchteinrichtung, die sich mehr auf die Zucht und den Profit konzentriert als auf die Gesundheit und das Wohlbefinden der Hunde. Welpenmühlen halten ihre Hunde in der Regel unter erbärmlichen Bedingungen und zwingen sie, einen Wurf nach dem anderen zu gebären, mit wenig bis gar keiner Ruhepause dazwischen. Viele der Hunde, die in Welpenmühlen für die Zucht eingesetzt werden, sind selbst schlecht gezüchtet oder von vornherein ungesund, wodurch praktisch sichergestellt wird, dass die Welpen die gleichen Probleme haben werden. Sie sollten nur dann einen Welpen aus einer Tierhandlung mit nach Hause nehmen, wenn die Tierhandlung eine Partnerschaft mit einem örtlichen Tierheim hat und die Hunde von dort bezogen werden. Wenn die Zoohandlung Ihnen nicht sagen kann, von welchem Züchter die Welpen stammen, oder wenn sie Ihnen keine Papiere oder eine Registrierung für den Welpen anbieten, ist es wahrscheinlich, dass der Welpe aus einer Welpenmühle stammt.

Anstatt einen Welpen in einer Zoohandlung zu kaufen, ist es am besten, einen seriösen Züchter für Border Collies zu finden. Wenn Sie sich noch nicht für einen Welpen entschieden haben, können Sie in Erwägung ziehen, ein Tier aus einem örtlichen Tierheim zu adoptieren. Es gibt viele Vorteile, die mit der Rettung eines erwachsenen Hundes verbunden sind. Zum einen liegen die Adoptionsgebühren in der Regel deutlich unter den Kosten, die ein Welpe bei einem Züchter kostet. Außerdem ist ein erwachsener Hund bereits stubenrein. Ein zusätzlicher Bonus ist, dass die meisten Tierheime ihre Hunde kastrieren lassen, bevor sie sie abgeben, so dass Sie die Kosten für die Operation nicht selbst tragen müssen. Ein weiterer Vorteil ist, dass ein erwachsener Hund das Welpenstadium bereits hinter sich gelassen hat, sodass seine Persönlichkeit feststeht – bei einem Welpen können Sie nie ganz sicher sein, wie er sich entwickeln wird.

Einen seriösen Züchter suchen

Wenn Sie bereit sind, mit der Suche nach einem Border Collie-Welpen zu beginnen, können Sie Ihre Suche nach einem Züchter online beginnen. Eine einfache Internetsuche wird Ihnen wahrscheinlich eine Vielzahl von Ergebnissen liefern, aber wenn Sie einen seriösen Züchter finden möchten, müssen Sie vielleicht etwas tiefer graben. Stellen Sie eine Liste von Züchtern aus allen möglichen Quellen zusammen und nehmen Sie sich dann die Zeit, jede Option durchzugehen, um festzustellen, ob der Züchter seriös und verantwortungsvoll ist oder nicht. Sie möchten nicht das Risiko eingehen, einen Welpen von einem Hobbyzüchter oder von jemandem zu kaufen, der keine verantwortungsvollen Zuchtmethoden anwendet. Wenn Sie nicht aufpassen, wo Sie Ihren Welpen herbekommen, könnten Sie am Ende einen Welpen bekommen, der bereits krank ist.

Sobald Sie eine Liste von Züchtern zur Hand haben, können Sie diese nacheinander durchgehen, um Ihre Optionen einzugrenzen. Gehen Sie dazu die folgenden Schritte durch:

- Besuchen Sie die Website jedes Züchters auf Ihrer Liste (sofern sie eine haben) und suchen Sie nach wichtigen Informationen über die Geschichte und Erfahrung des Züchters.
- Prüfen Sie auf Vereinsregistrierungen und eine Lizenz, falls zutreffend.
- Wenn die Website keine Informationen über die Einrichtungen oder den Züchter enthält, gehen Sie am besten einfach weiter.
- Nachdem Sie einige Züchter ausgeschlossen haben, nehmen Sie telefonisch Kontakt mit den verbleibenden Züchtern auf Ihrer Liste auf.

Stellen Sie dem Züchter die folgenden Fragen:

- Wie alt sind die Elterntiere?
- Können Sie mir die Gesundheitsprüfungen der Elterntiere mitteilen?
- Warum haben Sie sich für diese spezielle Zucht entschieden?
- Können Sie mir etwas über die Hunde im Generationen-Stammbaum sagen?
- Wie haben Sie die Welpen aufgezogen? Haben Sie mit dem Training und der Sozialisierung begonnen?
- Können Sie Referenzen von früheren Käufern angeben?

Die Antworten auf diese Fragen müssen in diese Richtung gehen:

- Die Hündin darf nicht jünger als 18 Monate und der Rüde nicht jünger als 12 Monate sein. Den Hunden muss Zeit gegeben werden, um zu reifen, bevor sie verpaart werden.

- Der Züchter muss in der Lage sein, sicherzustellen, dass die Elterntiere untersucht und für gesund und zuchttauglich befunden wurden.
- Die Antwort sollte gut durchdacht sein und ein vernünftiges Ziel beinhalten.
- Ein guter Züchter wird Ihnen ohne mit der Wimper zu zucken einen detaillierten Bericht über den Generationen-Stammbaum geben können, weil er ihn auswendig kennt und stolz darauf ist.
- Der Züchter sollte bereits damit begonnen haben, den Welpen in die Welt einzuführen und sollte in der Lage sein, Ihnen zu zeigen, wie Sie das Training und die Sozialisierung fortsetzen können.
- Ein guter Züchter bleibt mit den Besitzern in Kontakt, um ihnen Hilfestellung zu geben, daher sollte er in der Lage sein, Ihnen Referenzen zu geben.
- Erwarten Sie von einem seriösen Züchter, dass er Ihnen auch Fragen zu Ihrer Person stellt – ein verantwortungsbewusster Züchter möchte sicherstellen, dass seine Welpen in ein gutes Zuhause kommen.
- Vereinbaren Sie einen Termin, um die Einrichtungen der verbleibenden Züchter auf Ihrer Liste zu besichtigen, nachdem Sie noch ein paar mehr von ihnen aussortiert haben.
- Bitten Sie um eine Führung durch die Einrichtungen, einschließlich des Ortes, an dem die Zuchttiere gehalten werden, sowie der Einrichtungen, in denen die Welpen untergebracht sind.
- Wenn die Dinge unorganisiert oder unsauber aussehen, kaufen Sie nicht bei dem Züchter.
- Vergewissern Sie sich, dass sich die Zuchttiere in einem guten Zustand befinden und dass die Welpen alle gesund und aktiv sind.
- Grenzen Sie Ihre Liste auf einige wenige Optionen ein und treffen Sie dann Ihre Entscheidung im Umgang mit den Welpen.

- Vergewissern Sie sich, dass der Züchter eine Art Gesundheitsgarantie anbietet und erkundigen Sie sich nach eventuellen Impfungen, die die Welpen bereits erhalten haben.
- Legen Sie bei Bedarf eine Anzahlung an, um einen Welpen zu reservieren, wenn er noch nicht bereit ist, nach Hause zu kommen.

Finden Sie Ihren Border Collie-Welpen

Nachdem Sie Ihre Optionen für Züchter eingegrenzt haben, müssen Sie Ihren Welpen aussuchen. Wenn Sie zum ersten Mal einen Hund besitzen, lassen Sie sich nicht von der Aufregung um einen neuen Welpen mitreißen – nehmen Sie sich die Zeit, eine sorgfältige Auswahl zu treffen. Wenn Sie den Prozess überstürzen, könnten Sie am Ende einen Welpen bekommen, der nicht gesund ist oder dessen Persönlichkeit nicht zu Ihrer Familie passt. Befolgen Sie die folgenden Schritte, um Ihren Border Collie-Welpen auszusuchen:

- Bitten Sie den Züchter, Ihnen eine Führung durch die Einrichtungen zu geben, insbesondere dort, wo die Welpen gehalten werden.
- Vergewissern Sie sich, dass die Einrichtungen, in denen die Welpen untergebracht sind, sauber und hygienisch einwandfrei sind. Wenn es Anzeichen für Durchfall gibt, sollten Sie keinen der Welpen kaufen, da sie möglicherweise bereits krank sind.
- Nehmen Sie sich ein paar Minuten Zeit, um den Wurf als Ganzes zu beobachten und zu sehen, wie die Welpen miteinander interagieren.
- Die Welpen sollten aktiv und verspielt sein und auf eine gesunde Weise miteinander interagieren.
- Vermeiden Sie Welpen, die lethargisch zu sein scheinen und sich nur schwer bewegen können – sie sind höchstwahrscheinlich krank.
- Nähern Sie sich dem Wurf und beobachten Sie, wie die Welpen auf Sie reagieren, wenn Sie dies tun.

- Wenn die Welpen ängstlich wirken, sind sie möglicherweise nicht richtig sozialisiert und so einen Welpen möchten Sie wahrscheinlich nicht haben.
- Einige der Welpen sind vielleicht etwas zurückhaltend, aber die meisten sollten sehr freundlich und neugierig sein und sich für Sie interessieren.
- Lassen Sie die Welpen auf Sie zukommen und geben Sie ihnen Zeit, Sie zu beschnuppern und zu erkunden, bevor Sie mit ihnen interagieren.
- Streicheln Sie die Welpen und ermutigen Sie sie, mit einem Spielzeug zu spielen und nutzen Sie die Gelegenheit, um ihre Persönlichkeiten zu beobachten.
- Suchen Sie sich einen der Welpen aus, von dem Sie glauben, dass er gut zu Ihnen passen könnte und verbringen Sie ein wenig Zeit mit ihm.
- Nehmen Sie den Welpen hoch und halten Sie ihn, um zu sehen, wie er auf menschlichen Kontakt reagiert.
- Der Welpe sollte anhänglich und verspielt sein. Er sollte keine Angst vor Ihnen haben und es genießen, gestreichelt zu werden.
- Untersuchen Sie den Körper des Welpen auf Anzeichen von Krankheiten und Verletzungen.
- Der Welpe sollte klare, helle Augen haben, die keinen Ausfluss haben. Das Fell sollte gleichmäßig sein und keine Flecken mit Haarausfall oder Verfärbungen aufweisen.
- Der Bauch des Welpen darf rund sein, aber er sollte nicht aufgebläht oder geschwollen sein.
- Der Welpe sollte normal gehen und laufen können, ohne Probleme mit der Beweglichkeit zu haben.
- Schränken Sie Ihre Auswahl ein und wählen Sie den Welpen, der Ihrer Meinung nach am besten passt.

Wenn Sie sich für Ihren Welpen entschieden haben, fragen Sie den Züchter nach den nächsten Schritten. Nehmen Sie den Hund nicht mit nach Hause, wenn er nicht mindestens neun oder zehn Wochen alt ist. Border Collies können bockig und unangenehm werden, wenn sie zu früh von ihrer Mutter und ihrem Wurf getrennt werden. Und natürlich müssen Sie sicherstellen, dass er vollständig entwöhnt wurde und bereits feste Nahrung zu sich nimmt.

Kapitel 4: Die wichtigsten Vorbereitungen vor der Anschaffung Ihres Hundes

Wenn endlich der Tag kommt, an dem Ihr Welpe nach Hause kommt, werden Sie und eventuell Ihr Partner oder Ihre Familie wahrscheinlich unglaublich aufgeregt sein. Bis es jedoch so weit ist, ist eine Menge Arbeit nötig, damit Ihr Zuhause bereit ist, Ihr neues Familienmitglied zu empfangen. Wie bei jedem intelligenten Hund müssen Sie mehr tun, als Sie es bei weniger intelligenten Welpen tun müssten. Die Welpensicherheit Ihres Zuhauses ist ein großes Unterfangen, daher sollten Sie mindestens einen Monat vor der Ankunft Ihres Welpen damit beginnen.

Binden Sie Ihre Familie mit ein

Wenn Sie Kinder haben, dann müssen Sie, bevor Sie mit dem Welpenschutz beginnen, zunächst einmal Ihre Kinder auf den neuen Border Collie-Welpen vorbereiten, besonders wenn sie jünger sind. Es ist wahrscheinlich, dass Ihre Kinder mehr Zeit mit dem neuesten Familienmitglied verbringen werden, weil sie mehr zu Hause sein werden, es sei denn, Sie haben das Glück, von zu Hause aus zu arbeiten. Das bedeutet, dass sie wissen sollten, wie man richtig mit einem Border Collie spielt - oder verstehen, dass sie nicht ohne Aufsicht eines Erwachsenen mit dem Hund spielen sollten.

Legen Sie lange vor der Ankunft des Welpen - mindestens eine Woche - die Regeln fest und weisen Sie Verantwortlichkeiten zu. Sie müssen planen, diese Regeln auch vor der Ankunft des Welpen mehrmals durchzugehen, um sicherzustellen, dass jeder weiß, was von ihm erwartet wird. Dazu gehört, dass Sie die Regeln und Rollen am Tag der Ankunft des Welpen durchgehen - bevor der Welpe ankommt.

Sobald der Welpe bei Ihnen zu Hause ist, müssen Sie anwesend sein, besonders wenn Sie jüngere Kinder haben. Sie müssen überwachen, wie diese mit dem Welpen spielen und sichergehen, dass sie nicht zu grob sind. Stellen Sie sicher, dass Ihre Kinder die folgenden fünf Regeln befolgen:

1. Seien Sie sanft. Obwohl sie voller Energie sind, sind Border Collie-Welpen leicht zu verletzen, also seien Sie vorsichtig und spielen Sie sanft mit dem Welpen.
   Sie müssen bei dieser Regel sehr konsequent sein. Wenn Sie sehen, dass die Kinder zu grob spielen, oder wenn der Welpe sich unwohl fühlt, schreiten Sie ein und beenden das Spiel. Sie möchten nicht, dass sich der Welpe in der Nähe Ihrer Kinder unwohl fühlt, also müssen Sie sicherstellen, dass sie dem Welpen nicht das Gefühl geben, gefangen oder in Gefahr zu sein. Wenn der Welpe in dieser Phase beißt, ist das Kind schuld, weil es den Welpen erschreckt hat.

2. Das Herumrennen im Haus sollte unterbunden werden. Das Spielen von Verfolgungsjagden in Innenräumen ist nicht akzeptabel. Von rutschigen Böden bis hin dazu, dass jemand nicht aufpasst und gegen eine Wand oder Möbel rennt, ist es viel zu gefährlich, in der Wohnung zu rennen, sowohl für Kinder als auch für den Hund.

3. Kein Spielen mit dem Welpen während der Mahlzeit. Ihr Welpe muss sich sicher fühlen, wenn er isst, und nicht so, als sollte er spielen oder sein Essen beschützen. Wenn sich Ihr Welpe beim Fressen unwohl fühlt, kann dies später zu Problemen führen. Wenn es Zeit zum Fressen ist, lassen Sie den Welpen sich auf das Futter konzentrieren, ohne dass er das Gefühl hat, dass ihm das Futter weggenommen werden könnte oder dass er stattdessen spielen sollte.

4. Wenn man bedenkt, wie niedlich Border Collie-Welpen sind, wird wahrscheinlich jeder den Welpen aufheben wollen. Erklären Sie Ihren Kindern, dass der Welpe auf dem Boden gelassen werden sollte. Wenn der Hund auf den Schoß von jemandem klettern möchte, ist das in Ordnung, aber niemand

sollte den Welpen hochnehmen. Auch wenn er klein ist, wird sich der Welpe nicht wohl fühlen, wenn er von kleineren Kindern hochgehoben wird – und diese werden nicht in der Lage sein, mit einem wackelnden Welpen umzugehen. Es könnte passieren, dass sie ihn nicht mehr festhalten können und ihn fallen lassen.

5. Bewahren Sie Wertsachen und wichtige Gegenstände außerhalb der Reichweite Ihrer Kinder auf. Sie denken vielleicht, dass es einfach ist, diese Dinge von einem Welpen fernzuhalten, aber es reicht schon, wenn eines Ihrer Kinder einen Gegenstand von einer Oberfläche nimmt und ihn in der Reichweite des Welpen liegen lässt. Kinder neigen dazu, sich nicht allzu viele Gedanken darüber zu machen, womit sie spielen, also ist alles, was in Reichweite ist, Freiwild. Wenn Sie nicht möchten, dass Ihre Kinder und Ihr Welpe bestimmte Gegenstände zerstören, vergewissern Sie sich, dass diese Gegenstände für beide unerreichbar sind.

Bereiten Sie Ihre bereits vorhandenen Hunde vor

Die Kinder bereit zu machen ist eine Aufgabe. Ihren möglicherweise anderen schon vorhandenen Hund oder Hunde bereit zu machen ist eine ganz andere. Sobald Ihre Kinder beginnen, die Regeln zu verstehen, müssen Sie den Hunden helfen, sich so gut wie möglich an die Idee eines neuen Hundes zu gewöhnen. Das erfordert natürlich eine ganz andere Herangehensweise. Sie können mit einem Hund keine Regeln und Rollen festlegen. Es gibt jedoch Dinge, die Sie tun können, um ihnen zu helfen, sich auf den neuesten Familienzuwachs vorzubereiten:

- Beurteilen Sie die Persönlichkeit Ihres Hundes. Hunde, die aggressive oder territoriale Tendenzen gezeigt haben, müssen sorgfältig überwacht werden und sollten nie mit dem Welpen zusammen sein, ohne dass ein Erwachsener anwesend ist. Erregbare Hunde benötigen die gleiche Art von

Aufmerksamkeit, da all diese Energie gefährlich sein kann, wenn der Hund zu grob mit dem Welpen spielt.

- Berücksichtigen Sie die Begegnungen, die Ihr Hund oder Ihre Hunde mit anderen Hunden hatten, die in ihr Zuhause kamen. Jegliche territorialen Tendenzen sind wahrscheinlich etwas, das Sie mit dem Welpen überwachen müssen, da Ihr Hund nicht verstehen wird, warum Sie den Welpen bei sich wohnen lassen. Seien Sie bei der Einführung des Welpen besonders vorsichtig. Wenn noch kein anderer Hund bei Ihnen zu Hause war, laden Sie am besten jemanden mit einem Hund zu einem Spieltermin ein, bevor der Welpe kommt. So bekommen Sie eine Vorstellung davon, was Sie erwarten können. Wenn Sie zuerst einen vertrauten Hund im Haus sehen, wird es Ihrem Hund leichter fallen, andere Hunde in seinem Revier zu akzeptieren.
- Denken Sie an Zeiten, in denen Ihr Hund beschützerisch gehandelt hat, entweder mit Ihnen, einem Familienmitglied oder etwas im Haus. Futter ist in der Regel der häufigste Auslöser für Schutzverhalten, aber auch Gegenstände wie Spielzeug können bei einem Hund Schutzgefühle auslösen.

Richten Sie ausgewiesene Welpenbereiche ein und stellen Sie sicher, dass Ihr Hund oder Ihre Hunde nicht in diese Bereiche gelangen können. Sie müssen den Welpen langsam über einen längeren Zeitraum hinweg kennenlernen. Ihr neuer Border Collie sollte nicht ohne Aufsicht mit Ihren anderen Hunden allein gelassen werden, egal wie sehr Sie das Gefühl haben, dass Sie ihnen vertrauen können. Achten Sie darauf, dass sich keine ihrer Sachen im Welpenbereich befinden, auch nicht das Lieblingskissen Ihres älteren Hundes. Der Bereich des Welpen sollte vollständig von den Orten getrennt sein, an denen sich Ihr älterer Hund gerne aufhält, damit dieser nicht das Gefühl hat, dass der Welpe eine Konkurrenz für diese Dinge ist.

Planen Sie, dass das erste Treffen zwischen dem Welpen und Ihrem Hund draußen an einem neutralen Ort stattfindet. Legen Sie diesen Ort vor dem Tag fest, an dem Ihr Welpe ankommt, und planen Sie, dass ein anderer Erwachsener für das Treffen anwesend ist. Das neutrale Gebiet stellt sicher, dass Ihr Hund bei der ersten Begegnung kein Territorialgefühl entwickelt. Anstatt das Bedürfnis zu haben, das Zuhause zu beschützen, wird Ihr Hund eher neugierig sein, den Welpen zu treffen, was gut ist. Sie möchten, dass die beiden miteinander interagieren, bevor sie nach Hause kommen. Der zusätzliche Erwachsene ist dazu da, um zu helfen. Der Versuch, mit einem aufgeregten Hund und einem hyperaktiven Welpen umzugehen, ist für die meisten Menschen allein viel zu viel, also teilen Sie sich die Arbeit mit einem weiteren Erwachsenen. Das Alphatier Ihres Hauses sollte bei dem Ereignis anwesend sein. Dies wird dazu beitragen, die Hierarchie mit dem Welpen von Anfang an zu etablieren.

Planen Sie ein, sich während der Einführung langsam mit Ihrem Hund und dem Welpen zu bewegen, besonders wenn Ihr Hund keine extrem freundliche, sanfte Persönlichkeit hat. Es kann mehr als eine Woche dauern, bis der Hund sich in der Nähe des Welpen wohl fühlt. In Anbetracht der Tatsache, dass Sie die Dynamik Ihres Zuhauses komplett umgestalten, wird Ihr Hund einige Zeit brauchen, um sich an die Veränderung zu gewöhnen. Es ist verständlich, wenn Ihr Hund nicht erfreut ist, besonders wenn er schon älter ist. Für ältere Hunde ist es schwieriger, einen Welpen zu akzeptieren und es ist sehr wahrscheinlich, dass er seine Frustration an dem Welpen auslässt. Vergewissern Sie sich, dass sich Ihr Hund und der Welpe sicher und wohl fühlen, bevor Sie sie für regelmäßige Interaktionen zusammen lassen.

Wenn Sie bereits mehr als einen Hund haben, gelten alle diese Regeln, aber Sie benötigen bei der ersten Begegnung für jeden Hund einen zusätzlichen Erwachsenen. Denken Sie an die Persönlichkeiten der einzelnen Hunde, da sie alle unterschiedlich auf die Einführung eines neuen Welpen reagieren werden. Wenn es Zeit für die Einführung ist, bringen Sie jeweils einen Hund zum Welpen, nicht alle auf einmal. Ihr Welpe wird überwältigt sein und möglicherweise Angst vor so vielen Hunden haben, die gleichzeitig auf ihn zukommen. Wenn Sie einen Hund nach dem anderen vorstellen, wird der Welpe ruhiger sein.

Gewährleisten Sie die Sicherheit für Ihren Welpen

Das Zuhause birgt viele potenzielle Gefahren für Welpen. Vor der Ankunft Ihres Welpen müssen Sie eine Menge Zeit damit verbringen, Ihr Zuhause so vorzubereiten, dass es so sicher wie möglich ist.

Die Sicherheit für Welpen in Ihrem Zuhause zu gewährleisten nimmt ungefähr so viel Zeit in Anspruch wie die Sicherheit für Babys einzurichten. Planen Sie, einen Monat vor der Ankunft des Welpen damit zu beginnen. Die folgenden Hinweise helfen Ihnen dabei, die gefährlichsten Bereiche in Ihrem Haus zu finden.

Küche und Essbereich

Die Küche ist mit Abstand der gefährlichste Raum für Ihren Welpen. Von giftigen Reinigungsmitteln bis hin zu elektrischen Leitungen gibt es eine Menge Dinge, die Sie sichern müssen, bevor der Welpe nach Hause kommt. Sie sollten all diese Bereiche genauso sichern, wie Sie es bei einem Kind tun würden, denn Ihr Welpe ist schlau und könnte in Bereiche gelangen, in die Sie ihn definitiv nicht lassen wollen.

Sie müssen diese Dinge nicht nur vor der Ankunft Ihres Welpen sichern, sondern auch darauf achten, dass Sie diese gefährlichen Gegenstände immer an ihren sicheren Platz zurückstellen. Gewöhnen Sie sich daran, potenziell gefährliche Gegenstände außerhalb der Reichweite Ihres Welpen aufzubewahren.

Giftige bzw. chemische Substanzen sollten in Schränken aufbewahrt und verschlossen werden, in die Ihr Welpe nicht gelangen kann. Kindersicherungen können verhindern, dass Ihr Welpe sich durchwühlt, um ebenfalls an diese Substanzen zu gelangen.

Eine Sache, die einen Welpen völlig verrückt macht, ist der Mülleimer. Er ist nicht mehr nur ein Behälter für Ihre Essensabfälle – er ist für einen Welpen wie ein Überraschungsei mit interessanten Gerüchen. Aufgrund der vielen stinkenden Abfälle, die Sie in den Mülleimer werfen, müssen Sie sicherstellen, dass er an einem Ort aufbewahrt wird, an dem Ihr Welpe ihn nicht umstoßen kann.

Passen Sie auf, dass sich keine elektrischen Kabel in Reichweite Ihres Welpen befinden. Dies sollte einfach sein, da die meisten Kabel nicht in Bodennähe verlaufen, aber nehmen Sie sich die Zeit, dies zu überprüfen. Wenn Sie zum Beispiel gelegentlich den Stecker des Waffeleisens herausziehen und dessen Kabel herunterhängt, besorgen Sie sich einen Kabelbinder und bündeln Sie den Großteil des Kabels, damit es kein Problem darstellt.

Bad und Waschküche

Die nächst gefährlicheren Bereiche für einen Welpen sind das Badezimmer und die Waschküche. Auch in diesen beiden Räumen befinden sich gefährliche Substanzen, die Sie außerhalb der Reichweite Ihres Welpen aufbewahren müssen.

Gewöhnen Sie sich an, Ihre Toiletten geschlossen zu halten. Ihr Welpe ist zwar noch klein, aber Springen ist für ihn kein Problem. Halten Sie die Toilette geschlossen, damit es keine Unfälle gibt. Verwenden Sie niemals automatische Toilettenreiniger. Wenn Sie den Deckel versehentlich offen lassen, wollen Sie nicht, dass Ihr Welpe die Substanz aus dem automatischen Reiniger trinkt.

Wäschebereiche sind einfacher vorzubereiten, da sie kleiner sind und es weniger Dinge gibt, die einem Welpen schaden können. Im Allgemeinen müssen Sie darauf achten, dass Sie keine schmutzigen Kleidungsstücke aufbewahren, an die Ihr Welpe herankommen kann. Zwar sind die Kleidungsstücke in der Regel nicht gefährlich, aber wenn Sie Ihr Haus betreten und schmutzige Kleidung überall verstreut vorfinden, ist das extrem unangenehm, besonders wenn Sie Gäste haben. Es wird auch vorkommen, dass Kleidung oder Lappen in der Wäsche landen, die Chemikalien enthalten. Wenn Sie es sich zur Gewohnheit gemacht haben, diese außer Reichweite aufzubewahren, kann Ihr Welpe nicht an sie herankommen. Sie sollten auch

Waschmittel, Bleichmittel und andere Wäscheprodukte in einem Regal aufbewahren, das nicht in Reichweite ist.

Die einfachste Lösung für die Waschküche ist es, die Tür immer geschlossen zu halten. Da es jedoch wahrscheinlich Zeiten geben wird, in denen die Tür offen ist, überprüfen Sie, dass sich alles außerhalb der Reichweite Ihres Welpen befindet.

Andere Räume

Gehen Sie durch den Rest Ihrer Wohnung und vergewissern Sie sich, dass sich keine Stromkabel in Reichweite Ihres Border Collies befinden. Dies wird zeitaufwendig sein, besonders in der Nähe von Schreibtischen und Fernsehern, da sich dort in der Regel eine Menge von Kabeln befinden. Sorgen Sie dafür, dass keine Reinigungsmittel im Freien liegen. Wenn Sie einen Kamin haben, sollten Sie einen neuen Platz für die Aufbewahrung von Reinigungsmitteln und Werkzeugen finden, da Ihr Border Collie dazu neigen könnte, mit ihnen zu spielen. Außerdem müssen Sie die Öffnung von Anfang an sichern, damit Ihr Welpe nicht herankommt.

Wenn Sie eine Treppe haben, besorgen Sie ein Tor, um Ihren Welpen davon abzuhalten, diese unbeaufsichtigt zu erklimmen. Bewahren Sie alle scharfen oder potenziell gefährlichen Gegenstände, wie Scheren oder Nähutensilien, an einem sicheren Ort auf. Auch Schreibutensilien sollten an einen sicheren Ort gebracht werden, da Ihr Welpe wahrscheinlich eine Phase durchläuft, in der diese Gegenstände wie Kauspielzeug aussehen. Sie möchten nicht mit einem Welpen in der Tierarztpraxis enden, der mit blauer Tinte und Textmarker bedeckt ist.

Die Garage

Die Garage ist ein sehr aufregender Ort für einen Welpen, jedoch auch unglaublich gefährlich. Dort gibt es Chemikalien, scharfe Gegenstände, schwere Gegenstände und eine Menge anderer gefährlicher Gegenstände, denen Ihr Welpe nicht ausgesetzt werden sollte. Sie werden Ihren Border Collie-Welpen wahrscheinlich nicht ganz aus der Garage fernhalten können, also müssen Sie sich die Zeit nehmen, sie wirklich aufzuräumen. Lassen Sie ihn nicht unbeaufsichtigt in die Garage - wenn möglich, versuchen Sie, den Welpen außerhalb der Garage zu halten, außer wenn er ins Auto einsteigt.

Alle Werkzeuge, Geräte und Gegenstände, die mit der Wartung von Autos (oder allem, was einen Motor oder Räder hat) zu tun haben, müssen irgendwo mit einem Schloss aufbewahrt werden. Dazu gehören auch Gegenstände wie Laubbläser und Fahrradwerkzeuge. Ihr Welpe wird mit großer Wahrscheinlichkeit versuchen, auf einem Fahrradreifen herumzukauen, Frostschutzmittel zu schlucken oder sich im Dünger zu wälzen. Bewahren Sie all diese Gegenstände an einem Ort auf, an den der Welpe nicht gelangen kann.

Eine Angelausrüstung muss ebenfalls an einem Ort aufbewahrt werden, an dem Ihr Welpe sie nicht erreichen kann. Sie kann in einem Schrank oder hoch oben auf einem Regal stehen. Wenn Sie sie hoch oben aufbewahren, vergewissern Sie sich, dass es keine Möglichkeit gibt, daran hochzuklettern. Lassen Sie keine Teile der Ausrüstung über den Rand der Theke baumeln.

Wenn Sie denken, dass Sie fertig sind, treten Sie einen Schritt zurück und untersuchen Sie es aus der Perspektive des Welpen. Gehen Sie auf den Boden und sehen Sie nach, ob Sie etwas übersehen haben. Wenn Sie etwas sehen, das für einen Welpen attraktiv sein könnte, legen Sie es dorthin, wo er es nicht erreichen kann.

Außenbereich und Zäune

Der Welpe sollte nicht über längere Zeit allein nach draußen gehen. Im Garten gibt es viele Gefahren, daher müssen Sie ihn jedes Mal beaufsichtigen, wenn er auf die Toilette geht. Sie müssen bei dem Welpen bleiben. Auch wenn Sie einen Zaun haben, sollten Sie stets bei ihm bleiben, um aufzupassen, dass nichts passiert.

Zum Glück ist es relativ einfach, den Garten welpensicher zu machen (zumindest im Vergleich zum Innenbereich). Planen Sie etwa eine Stunde ein, um sicherzustellen, dass er für die Ankunft Ihres Welpen bereit ist.

Ihre Zäune sollten bestens gesichert sein. Beginnen Sie damit, den Zaun auf Undichtigkeiten zu untersuchen. Es sollten keine Brüche, Löcher oder losen Bretter vorhanden sein. Vergewissern Sie sich, dass am Boden keine Lücken vorhanden sind, durch die Ihr Border Collie hindurchschlüpfen und auf die andere Seite gelangen könnte. Diese Dinge müssen behoben werden, bevor Ihr Welpe eintrifft.

Legen Sie fest, wo Ihr Border Collie die Toilette benutzen soll. Sobald Sie einen bestimmten Ort festgelegt haben, teilen Sie dies dem Rest der Familie mit und überprüfen Sie, dass sich in diesem Bereich keine Gifte oder gefährlichen Utensilien befinden. Selbst etwas so scheinbar harmloses wie eine Vogeltränke ist potenziell gefährlich.

Wählen Sie einen anderen Bereich des Hofs für die Spielzeit. Die Orte zum Spielen und für die Toilette sollten unterschiedlich sein, damit der Welpe sich auf das richtige Verhalten in den vorgesehenen Bereichen konzentrieren kann. Unterziehen Sie den Spielbereich der gleichen Inspektion wie den Bereich der Toilette.

Machen Sie einen Spaziergang durch den Garten, um sicherzugehen, dass keine Chemikalien oder gefährlichen Geräte herumliegen, an denen Ihr Welpe knabbern oder sich verletzen könnte. Bringen Sie all diese Dinge an einen sicheren Ort, an dem Ihr Welpe nicht an sie herankommt. Wenn Sie einen Schuppen haben, ist das der perfekte Ort, um sie aufzubewahren.

In Ihrem Garten oder auf Ihrem Balkon sollten sich außerdem keine giftigen Pflanzen befinden. Dazu könnten Gärten gehören, in denen Lebensmittel wachsen, die Hunde nicht fressen sollten. Alle Wasserflächen sollten gesichert sein, wie zum Beispiel Pools oder kleine Teiche. Der Grill muss ebenso gesichert sein, damit Ihr Welpe nicht daran spielen kann.

Gehen Sie in Ihrem Garten umher und betrachten Sie ihn aus der Perspektive eines kleinen Kindes. Dies wird Ihnen helfen, andere potenzielle Gefahren zu erkennen, die vor der Ankunft des Welpen behoben werden müssen.

Planung des Budgets für das erste Jahr

Kinder sind teurer als Welpen, aber das bedeutet nicht, dass Ihre Ausgaben nicht erheblich steigen werden. Nehmen Sie sich die Zeit, ein Budget für Ihren Welpen aufzustellen, damit Sie immer das Geld haben, um die Grundbedürfnisse zu stillen und das Training aufrechtzuerhalten. Wahrscheinlich werden Sie am Ende mehr ausgeben, als Sie geplant haben, also bauen Sie ein kleines Polster in Ihr Budget ein, um sicherzugehen, dass es Ihnen nicht an Geld mangelt. Im vorherigen Kapitel haben Sie bereits die meisten bzw. wichtigsten aufkommenden Kosten kennengelernt.

Der beste Zeitpunkt, um mit Ihrem Welpenbudget zu beginnen, ist der Tag, an dem Sie sich entscheiden, einen Welpen zu bekommen. Höchstwahrscheinlich werden Sie eine Menge Zeit damit verbringen müssen, die Dinge zu recherchieren, die Sie während des ersten Jahres erledigen müssen. Die Preise von Tierärzten sind unterschiedlich, daher müssen Sie herausfinden, welcher Tierarzt einen guten Ruf hat und wie viel jeder Besuch kosten wird.

Von all den Vorräten, die Sie am Anfang benötigen, bis hin zu den Dingen, die Sie benötigen, um die Grundlagen aufrechtzuerhalten, können Hunde kostspielig sein, selbst wenn sie am Ende nicht so viel kosten, um sie zu füttern. Wenn Sie mit dem Budget beginnen, sobald Sie planen, einen Welpen anzuschaffen, können Sie sichergehen, dass Sie keine unerwarteten Ausgaben haben.

Border Collies neigen nicht dazu, sich in Schwierigkeiten zu bringen, aber wenn sie lange genug allein gelassen werden, werden sie versuchen, sich selbst zu beschäftigen, beispielsweise durch Graben oder Knabbern. Wenn Sie sie als Welpen in einer Kiste unterbringen, können Sie die Sicherheit erhöhen. Am besten ist es jedoch, wenn Sie sich einfach daran gewöhnen, alle potenziell gefährlichen, wertvollen oder wichtigen Gegenstände außerhalb ihrer Reichweite aufzubewahren.

Nachfolgend finden Sie in zusammengefasster Form eine Liste von Dingen, die Sie tun sollten, wenn Sie Ihr Zuhause welpensicher machen:

- Stellen Sie sicher, dass Ihre Müll- und Recycling-Behälter einen dicht schließenden Deckel haben, oder bewahren Sie sie in einem Schrank auf.
- Stellen Sie alle offenen Lebensmittelbehälter weg und bewahren Sie sie außerhalb der Reichweite Ihres Welpen auf.
- Bewahren Sie Reinigungsmittel und andere gefährliche Chemikalien in einem verschlossenen Schrank oder einer Speisekammer auf, wo Ihr Welpe sie nicht erreichen kann.
- Vergewissern Sie sich, dass Stromkabel und Jalousiezüge eingewickelt und außerhalb der Reichweite Ihres Welpen platziert sind.
- Heben Sie alle kleinen Gegenstände oder Spielzeuge auf, die eine Erstickungsgefahr darstellen, wenn Ihr Welpe darauf herumkaut.
- Decken Sie offene Wasserstellen wie Toiletten, Teiche im Freien usw. ab oder lassen Sie sie ablaufen.
- Bewahren Sie Medikamente und Pflegeprodukte im Medizinschrank außerhalb der Reichweite Ihres Welpen auf.
- Überprüfen Sie Ihr Zuhause auf Pflanzen, die für Hunde giftig sein könnten und entfernen Sie sie oder stellen Sie sie außer Reichweite.
- Sperren Sie Feuerstellen, Fenster und Türen ab, damit Ihr Welpe nicht in Schwierigkeiten geraten kann.
- Schließen Sie Treppenhäuser ab und versperren Sie den Zugang zu Räumen, in denen sich Ihr Welpe nicht aufhalten soll.

Kapitel 5: Die Ernährung

Die Ernährung ist unglaublich wichtig für das Wohlbefinden eines Hundes. Sein Nährstoffbedarf hängt von seinem Alter, seinem Aktivitätsniveau und seiner Rasse ab. Achten Sie darauf, dass Sie das richtige Futter für sein Wohlbefinden auswählen. Hier finden Sie einige Ratschläge, wie Sie Ihren Hund füttern und welche Arten von Futter Sie wählen sollten.

Trockenfutter

Achten Sie bei der Auswahl eines Trockenfutters darauf, dass die erste Zutat echtes Fleisch ist. Entscheiden Sie sich nicht für eine Marke, bei der Maismehl oder Weizen an erster Stelle steht. Vermeiden Sie auch Wörter wie „Nebenprodukt", da dies Bezeichnungen für zerkleinerte Tierteile sind, die in den Fleischverpackungsanlagen übrig bleiben. Suchen Sie nach Lebensmitteln, die echtes Rindfleisch, echtes Hühnerfleisch, Rindermehl oder Hühnerfleischmehl enthalten, da in diesen Lebensmitteln mehr echtes Fleisch vorhanden ist.

Es gibt Trockenfutter, das speziell für Welpen, Senioren, fettleibige Hunde oder Diabetes-Hunde geeignet ist. Wählen Sie eine Hundenahrung, die den Bedürfnissen Ihres Border Collies entsprechend seiner Gesundheit, seinem Gewicht und seinem Alter entspricht.

Nassfutter

Bei Hunden, die unter Verstopfung leiden, kann eine Ernährung mit Nassfutter sinnvoll sein. Sie können Nassfutter auch in Kombination mit Trocken- oder Rohfutter verfüttern. Seien Sie jedoch vorsichtig, wenn Sie zu viel Nassfutter geben, da dies bei Ihrem Welpen zu Durchfall führen kann. Wählen Sie ein Nassfutter, das hauptsächlich Fleisch enthält. Achten Sie auf Dosenfutter mit vielen Vitaminen und

Mineralien. Denken Sie immer daran, dass Ihr Border Collie ein völlig anderes Verdauungssystem hat als wir Menschen.

Am besten füttern Sie Ihren Hund nie vom Tisch aus. Dies kann leicht vermieden werden, indem Sie beim Training Ihres Hundes die natürlichen Bettelgewohnheiten ändern (kein Betteln = weniger Schuldgefühle und angenehmere Snackzeiten für Sie und Ihre Familie oder Gäste).

Rohkost

Eine Rohkostdiät kann für Ihren Border Collie großartig sein, da sie eher dem entspricht, was er in der freien Natur fressen würde. Allerdings müssen Sie darauf achten, dass Sie Ihrem Hund kein verunreinigtes Futter geben.

Sie können Fleisch einfrieren und es für Ihren Hund auftauen, oder Sie können Rohkostmischungen kaufen, die bereits zubereitet sind. Das Rohfutter muss mehr Fleisch als jede andere Zutat enthalten. Hunde mögen jedoch auch Gemüse, also achten Sie darauf, dass Dinge wie Erbsen und Karotten enthalten sind.

Wann und wie oft sollten Sie Ihren Border Collie füttern?

Wie viel Sie Ihrem Hund geben hängt von seiner Ausdauer, seinem Alter, seinem Aktivitätsniveau und seiner Rasse ab. Ob Sie Ihren Hund mehr füttern sollten, können Sie daran ablesen, ob Sie seine Rippen spüren können. Wenn seine Rippen nicht hervorstehen, wissen Sie, dass Sie ihn genug füttern. Wenn seine Rippen mit Fett bedeckt sind, sollten Sie die Fütterung einschränken.

Sie sollten Ihren Welpen nicht von seiner Mutter entwöhnen, bevor er etwa acht Wochen alt ist. Damit er richtig wachsen kann, braucht er in den ersten acht Wochen seines Lebens die Milch seiner Mutter. Nach acht Wochen können Sie beginnen, ihn mit gekauftem Hundefutter zu füttern.

Welpen müssen drei bis vier Mal am Tag fressen. Legen Sie einen festen Fütterungsplan fest. Vermeiden Sie es, Ihren Welpen zu kurz vor dem Schlafengehen zu füttern, da er sonst aufs Töpfchen gehen muss, während Sie versuchen zu schlafen. Es sei denn, es macht Ihnen Spaß, mitten in der Nacht aufzuwachen, über ein oder drei Kauspielzeuge zu stolpern und den Kot wegzumachen.

Wie auch immer, teilen Sie die täglichen Fütterungsportionen Ihres Welpen in Drittel oder Viertel auf und füttern Sie ihn jeden Tag zu regelmäßigen Zeiten. Dies hilft bei der optimalen Nährstoffaufnahme, der Verdauung und der allgemeinen gesunden Regulierung. Achten Sie bei Welpen darauf, dass Sie nur Welpenfutter geben, um ihm die Nährstoffe zu geben, die er braucht, um zu einem erwachsenen Hund heranzuwachsen. Sie können Welpentrockenfutter in heißem Wasser einweichen, damit es für ihn leichter zu fressen und zu verdauen ist.

Wenn Ihr Border Collie ins Erwachsenenalter kommt, können Sie die Fütterung auf zweimal täglich reduzieren, während Sie auf das Futter für ausgewachsene Hunde umsteigen. Füttern Sie weiterhin nach Gewicht und zu regelmäßigen Zeiten. Eine gleichbleibende Routine ist gut für das psychische Wohlbefinden und das Gefühl der Ruhe Ihres Hundes. Ich empfehle die Fütterung um sieben Uhr morgens und dann um fünf Uhr abends. Passen Sie die Zeiten an Ihren eigenen Zeitplan an. Manche Hunde sind damit zufrieden, den ganzen Tag aus demselben Futternapf zu fressen, so dass nur eine Fütterung notwendig ist. Andere Hunde verschlingen ihr Futter gerne, vor allem, wenn sie sich von anderen Hunden, die Sie möglicherweise im Haus haben, bedrängt fühlen. Sie wollen Ihren Hund nicht überfüttern, auch wenn er sein Futter hinunterschlingt und den Rest des Tages hungrig wirkt.

Wenn Sie Ihren Welpen auf Erwachsenennahrung umstellen, sollten Sie mit etwa neun bis zwölf Monaten damit beginnen. Normalerweise ist es am besten, bei der gleichen Marke von Erwachsenenfutter zu bleiben, die Sie Ihrem Hund als Welpen verfüttert haben, aber Sie können wechseln, wenn Sie eine gesündere Marke finden.

Belohnen Sie mit gesunden Leckerlis

Hier finden Sie einige gesunde menschliche Nahrungsmittel, die Sie Ihrem Hund in seiner Ernährung oder als Leckerbissen anbieten können:

- Haferflocken
- Joghurt
- Äpfel mit entfernten Kernen
- Erdnussbutter
- Käse
- Bananen
- Beef Jerky oder andere Dörrfleischsorten
- Fleisch, gekocht oder roh, nachdem es ordnungsgemäß eingefroren wurde
- Beeren
- Melonen
- Grüne Bohnen
- Erbsen
- Karotten
- Eier
- Lachs oder anderer Fisch

Diese Lebensmittel sollten Sie vermeiden

Ich habe dies bereits oben angesprochen, aber es ist wichtig, den folgenden Lebensmitteln einen eigenen Abschnitt zu widmen: Sie wissen jetzt, dass das Verdauungssystem von Hunden anders ist als das unsere. Einige Nahrungsmittel, die wir ohne Probleme essen können, können für Hunde giftig sein. Vermeiden Sie es, Ihrem Hund Folgendes zu füttern:

- Zwiebel oder Knoblauch
- Schokolade. Besonders dunkle Schokolade
- Weintrauben oder Rosinen
- Macadamia-Nüsse
- Fruchtkerne oder Samen

- Kartoffelschalen oder grüne Kartoffeln
- Rhabarberblätter
- Hefeteig oder Bäckerhefe
- Brokkoli
- Koffein
- Alkohol
- Pilze
- Kakis
- Avocados
- Rohes Ei. Kann bei Ihrem Hund eine Salmonellenvergiftung hervorrufen

Rezepte zum Selbstkochen

1. Hühnchen mit Banane und Kartoffeln

Die Zutaten für dieses leckere Welpengericht lauten:

400 Gramm Hühnchen mit Knochen und Haut
4 große Kartoffeln
1 große Banane
2 Karotten
Kräuter wie Petersilie, Dille oder Koreander
1 EL Kokosöl

Kochen Sie das Hühnchen mit den Knochen ca. 30 Minuten zusammen mit einer Prise Salz. Anschließend fügen Sie die in Stücke geschnittenen Karotten hinzu und lassen es weiter kochen. Sobald die Karotten weich sind, fügen Sie die Kräuter hinzu. Die Kartoffeln kochen Sie separat in einem anderen Topf und zwar ohne Salz. Lösen Sie nun das Fleisch vom Knochen und zerteilen es in mundgerechte Stückchen. Fügen Sie nun die Karotten, die Kartoffeln, die Banane und das Kokosöl in einen Mixer. Fügen Sie hierzu ebenso den Kochsud in den Mixer bei, damit alles zu einer schönen Menge Brei vermengen kann. Das Fleisch wird schließlich in einem Napf serviert und der dicke Brei oben drüber gegossen. Die Mahlzeit bleibt in einer Plastikdose in einem Kühlschrank bis zu drei Tage lang frisch.

2. Fisch mit Reis

Die Zutaten für dieses Gericht lauten:

300 Gramm Fisch (Thunfisch, Seelachs, Pangasius, Lachs) aber unbedingt ohne Gräten
300 Gramm gekochten Reis
1 Kartoffel
1 Karotte
Kräuter nach Wahl
1 EL Kokosöl

Kochen Sie das Fischfilet, die Karotte und die Kartoffeln in einem Topf weich. Zerdrücken Sie anschließend den Fisch und die Kartoffeln mit einer Gabel. Mischen Sie die rohe und fein geraspelte Karotte unter den Fisch-Kartoffelbrei. Misch Sie nun den vorher gekochten Reis und die frischen Kräuter zum Brei dazu. Wenn Sie dieses Gericht schließlich im Napf anrichten, gießen Sie noch einen Esslöffel Kokosöl dazu. Die Essensreste können für zwei Tage im Kühlschrank aufbewahrt werden.

Kapitel 6: Die optimale Pflege

Die richtige Pflege bedeutet eine umfassende Körperpflege, die u. a. das Waschen, Baden, Haareschneiden, Reinigen verschiedener Körperteile und das Krallenschneiden beinhaltet. Gewöhnen Sie Ihren Welpen an alle Elemente der Pflege, damit er von den ersten Tagen seines Lebens an keine Probleme mit dem Kämmen, Baden usw. hat.

Da der Border Collie ein aktiver und neugieriger Hund ist, findet er immer eine Stelle, an der er sich schmutzig machen kann, so dass jeder Schmutz auf seinem Fell sehr auffällig ist. Beachten Sie, dass das Fell des Border Collies viele natürliche Öle enthält. Daher ist ein regelmäßiges Baden nicht erforderlich. Ein Bad ist nur einmal alle drei bis vier Monate wirklich notwendig. Tägliches Baden kann die Haut zu trocken machen, da es wichtige natürliche Öle entfernt.

Ihren Border Collie baden

Stecken Sie dem Hund vor dem Baden Wattebällchen in die Ohren, um das Eindringen von Wasser zu vermeiden. Das Badewasser sollte lauwarm sein, nicht heiß. Weichen Sie zunächst den gesamten Körper des Hundes ein, tragen Sie dann das Shampoo auf und schäumen Sie es auf, wobei Sie die Augen und Ohren schützen. Spülen Sie ihn dann unter fließendem Wasserhahn gründlich aus.

Nach dem Baden können Sie eine spezielle Pflegespülung verwenden. Wenn Ihr Hund raues Haar hat, vermeiden Sie die Verwendung von Shampoos und Spülungen auf Ölbasis. In Zoohandlungen können Sie ein spezielles Shampoo für Pfoten mit Spender kaufen, das zum Waschen der Pfoten und des Bauches des Hundes nützlich sein wird.

Trocknen Sie Ihren Hund nach dem Baden mit einem Handtuch ab. Ein Föhn kann ihn erschrecken und trocknet die Haut aus. Beim Trocknen werden Sie Spaß daran haben, zu beobachten, wie Ihr Hund kopfüber in die Wohnung stürmt, sich auf ein Bett oder einen Stuhl stürzt und wieder herunter springt. So beschleunigt er selbstständig den Trocknungsprozess. Spielen Sie mit ihm herum, um gutes Verhalten während des Badens zu fördern. Gehen Sie nach dem Baden mindestens ein paar Stunden nicht mit dem Hund spazieren, damit er sich nicht erkältet.

Fellpflege

Die Fellpflege ist ein wichtiger Teil der Hundehaltung. Aber wenn Sie es in den Griff bekommen, kann der Prozess entspannend und angenehm sein! Jeder Hund muss regelmäßig gepflegt werden, aber einige Rassen benötigen die Haarpflege häufiger als andere.

Ihr Hund sollte mindestens einmal pro Woche gebürstet werden. Durch das Bürsten werden Schmutz und abgestorbene Haare entfernt, und die natürlichen Öle im Fell des Hundes werden im gesamten Fell verteilt, damit es weich und seidig bleibt.

Wenn Ihr Hund haart, müssen Sie ihn häufiger bürsten, um lose, tote Haare zu entfernen und Verfilzungen zu vermeiden. Border Collies sind sehr aktive Hunde. Sie lieben es, draußen zu spielen, vor allem, wenn das Spiel darin besteht, einen Ball durch einen schlammigen Park zu jagen. Daher sollten Sie Ihrem Hund eine spezielle Pflegesitzung gönnen, wenn er trocken ist, um Schmutz und Dreck loszuwerden.

Wie oft sollten Sie einen Border Collie bürsten?

Idealerweise sollten Sie Ihren Hund mindestens einmal pro Woche bürsten. Die Fellpflege Ihres Hundes ist äußerst wichtig, damit seine Haut gesund bleibt und er sich wohl fühlt. Border Collies haaren mäßig bis stark und wenn sich tote Haare ansammeln, führt dies zu Verfilzungen. Das Entfernen von losen, abgestorbenen Haaren stimuliert nicht nur die Haut des Hundes, um sie in perfekter Gesundheit zu halten. Es hilft auch dem Fell, den Hund vor dem Wetter zu schützen. Ein doppeltes Fell, das richtig gebürstet ist, isoliert den Hund sowohl vor Kälte als auch vor Hitze, indem es eine Schicht temperierter Luft nahe am Körper des Tieres bildet und gleichzeitig verhindert, dass Hitze oder Kälte in die äußeren Schutzhaare eindringen.

Pflege während der Fellwechselsaison

Wenn Ihr Hund haart, müssen Sie ihn jeden Tag pflegen. Tägliche Pflege hilft, die Bildung von Matten im Fell zu verhindern. Es sorgt außerdem dafür, dass Ihr Hund sich wohl fühlt und verhindert, dass Ihr Zuhause mit Hundehaaren übersät wird.

Sie werden feststellen, dass Ihr Hund nicht stark haart, wenn er die meiste Zeit im Haus verbringt.

Wie Sie Ihren Border Collie bürsten

Die Pflege des Border Collies kann mit einer hochwertigen Bürste und einem langzahnigen Unterfellharken erfolgen. Beginnen Sie mit dem Bürsten mit der weichen Bürste. Striegeln Sie Ihren Hund immer in Richtung des Fellwachstums, niemals gegen das Fell.

Bürsten Sie Ihren Hund von der Nase bis zum Schwanz und vergessen Sie dabei nicht, seine Beine und seinen Bauch mit einzubeziehen. Verwenden Sie als Nächstes den Unterhaarrechen, um sicherzustellen, dass das flauschige Unterhaar bis auf die Haut gekämmt wurde. Kämmen Sie das Fell nach außen und von der Haut weg, damit Sie Ihr Tier nicht zerkratzen. Benutzen Sie Ihre Finger, um Verfilzungen zu entfernen.

Verwenden Sie zum Schluss eine Borstenbürste, um alle verbleibenden losen Haare auf der Felloberfläche des Hundes zu entfernen.

Trimmen der Krallen

Die Krallen Ihres Hundes wachsen auf die gleiche Weise wie Ihre eigenen Nägel, daher müssen sie gelegentlich getrimmt werden. Ihr

Hund braucht seine Krallen zum Greifen, Kratzen und Graben. Achten Sie darauf, die Krallen Ihres Hundes relativ kurz zu halten für den Fall, dass er an Ihnen kratzt und Sie verletzt. Bevor Sie die Krallen Ihres Hundes zum ersten Mal kürzen, sollten Sie sich von Ihrem Tierarzt oder einem professionellen Hundefriseur zeigen lassen, wie man es macht. Die Kralle eines Hundes enthält ein Blutgefäß, das den Nagel mit Blut versorgt – und wenn Sie den Nagel zu kurz schneiden, könnten Sie dieses durchtrennen. Ein durchtrenntes Blutgefäß verursacht bei Ihrem Hund Schmerzen und er wird stark bluten. Der beste Weg, um zu vermeiden, dass Sie die Krallen Ihres Hundes zu kurz schneiden, ist, nur die scharfe Spitze zu kürzen.

Die Abnutzung der Krallen hängt ab vom Gewicht des Hundes, der Hornqualität, der Dauer der täglichen Bewegung und des Untergrundes, auf dem er sich bewegt. Wenn der Hund viel auf Asphalt und Bürgersteigen unterwegs ist, dann nutzen sich die Krallen entsprechend schneller ab. Wie oft Sie Ihrem Hund die Krallen schneiden müssen finden Sie im Laufe der Zeit selbst heraus. Sobald beim Laufen auf dem Fußboden Klickgeräusche zu hören sind, ist es definitiv an der Zeit, die Krallen zu schneiden.

1. Halten Sie Ihren Hund zwischen Ihren Beinen, wenn er klein ist, oder wenn er größer ist, lassen Sie ihn stehen.
2. Heben Sie jeden Fuß mit der Hand auf, so dass er sich natürlich und bequem beugt. Trimmen Sie jeden Hundenagel einzeln und vorsichtig, wobei Sie sich für jeden Nagel Zeit nehmen. Sie wollen niemals das Blutgefäß treffen, das sich im Inneren des Hundenagels befindet und empfindliche Nervenenden enthält. Konzentrieren Sie sich auf das am weitesten von der Pfote entfernte Ende, den durchscheinenden Teil des Nagels.
3. Hunde mit weißen Nägeln haben offensichtliche Blutgefäße, die dunkler und dicker als der Rest des Nagels sind.
4. Bei dunklen Nägeln, bei denen Sie das Blutgefäß nicht sehen können, schneiden Sie kleine Stücke des Horns ab. Untersuchen Sie dann den Nagel, um zu sehen, ob es eine Blutung gibt. Machen Sie das Stück für Stück und haben Sie Geduld. Sie wollen nie das Blutgefäß treffen, sonst verursachen

Sie bei Ihrem Hund Schmerzen und damit eine schlechte Assoziation mit dem Krallenschneiden.

5. Feilen Sie das Ende mit einer normalen Nagelfeile zu einer glatten, runden Oberfläche.
6. Erwägen Sie ein glättendes Öl, wie Kokosnussöl, um seine Pfoten weich zu machen. Verwenden Sie Bienenwachs, um Risse zu heilen.

Die Zähne

Versuchen Sie, seine Zähne mindestens viermal pro Woche zu putzen, um Zahnfleischerkrankungen und anderen Zahnproblemen vorzubeugen. Sie können eine spezielle Hundezahnbürste zusammen mit Zahnpasta mit Fleisch- oder Geflügelgeschmack kaufen. Im Folgenden erfahren Sie, wie Sie mit dem Zähneputzen Ihres Hundes beginnen.

1. Geben Sie einen Klecks auf Ihren Finger, damit er daran riechen und lecken kann, um sein Interesse zu wecken und sich einigermaßen wohl zu fühlen.
2. Versuchen Sie dann, Ihren Finger in seinen Mund einzuführen und sein Zahnfleisch sanft und ohne zu viel Kraft zu reiben.
3. Bald wird er sich daran gewöhnen, ohne zu viel Widerstand zu leisten. Wenn er dies ohne eine negative Reaktion zulässt, versuchen Sie, die Hundezahnbürste zu verwenden.
4. Verwenden Sie sanfte, aber feste Striche, um sein Zahnfleisch und alle seine Zähne zu erreichen. Es wird nicht perfekt sein, aber die Idee ist, den größten Teil seiner Zahnoberfläche mit dem Schaum der Zahnpasta zu bedecken.
5. Eine Spülung ist nicht erforderlich. Er wird die Zahnpasta ohne Probleme schlucken. Ermutigen Sie ihn jedoch, nach dem Zähneputzen aus seinem Wassernapf zu trinken.

Halten Sie außerdem reichlich stimulierendes Spielzeug mit Knabberspitzen und Kauspielzeug für Ihren Hund bereit. Diese Leckereien werden ihn geistig beschäftigen und gleichzeitig seine Zähne sauber und sein Zahnfleisch stark und gesund halten.

Die Augen

Kontrollieren Sie die Augen Ihres Hundes regelmäßig, um sicherzustellen, dass sie nicht gereizt sind, bluten oder anschwellen. Verwenden Sie einen in warmes Wasser getauchten Wattebausch, um Ablagerungen aus den Augen zu entfernen, wenn Sie ihn bürsten.

Die Analsäcke

Vielleicht kennen Sie bereits den berüchtigten Analbeutel. Wenn nicht, werden Sie bald genug damit vertraut sein. Tatsache ist, dass es eines der großen Wunder der Hundehaltung ist. Wenn Ihr Hund schlecht riecht oder häufig seinen Hintern leckt, wissen Sie, dass es an der Zeit ist, die Flüssigkeit in seinen Analbeuteln auszuscheiden. Sowohl weibliche als auch männliche Hunde haben Analsäcke, die in jedem Alter beeinträchtigt werden können. Die Analbeutel befinden sich direkt unter der Haut um die Analmuskeln herum.

So geht's:

1. Ziehen Sie ein Paar Plastik- oder Gummihandschuhe an.
2. Setzen Sie Ihren Hund in eine Badewanne. Das kann schmutzig werden.
3. Reiben Sie sanft nach oben und innen und drücken Sie die Drüsen in Richtung seines Anus.
4. Die Flüssigkeit sollte aus seinem Anus heraussickern. Es sollte ein braunes, stark riechendes Öl sein. Wenn nichts herauskommt, sollten Sie ihn zum Tierarzt bringen, um ihn zu untersuchen.

Entwurmung

Sie sollten außerdem darauf achten, dass Ihr Hund Herzwurmtabletten bekommt. Ab einem Alter von sechs Wochen sollten Sie Ihrem Border Collie einmal im Monat oder auf Anweisung Ihres Tierarztes Tabletten verabreichen. Ihr Tierarzt wird Ihnen ein Rezept ausstellen.

Achten Sie darauf, Ihren Hund richtig zu entwurmen. Es wird empfohlen, Ihren Welpen im Alter von zwei, vier, sechs, acht, zehn und zwölf Wochen zu entwurmen, dann jeden Monat, bis er sechs Monate alt ist, und schließlich alle drei Monate für den Rest seines Lebens. Regelmäßige Wurmkuren helfen, Verdauungsprobleme und andere Gesundheitsprobleme bei Hunden zu verhindern.

Kapitel 7:
Das Zusammenleben mit anderen Hunden

Einige Border Collies mögen es vielleicht vorziehen, mit Menschen zusammen zu sein, während sie nur ungern in Gesellschaft mit anderen Hunden sind. Aber in der Regel sind sie sehr glücklich, wenn sie von anderen Hunden umgeben sind. Für einen Border Collie ist die Trennung von seinem Menschen also leichter, wenn er noch einen Spielgefährten daheim hat.

Das Kennenlernen

Ihr Welpe sollte dazu alle Ihre aktuellen Hunde an einem neutralen Ort kennenlernen, damit eventuelle territoriale Instinkte zu keinem Problem werden. Indem Sie Ihren Border Collie-Welpen und Ihren anderen Hund an einem neutralen Ort zusammenbringen, sorgen Sie dafür, dass sich alle bei der ersten Einführung wohl fühlen, da keiner der Hunde diesen Ort als den ihren betrachten.

Wenn Ihr neues Familienmitglied und der Rest des Hunderudels beginnen, sich miteinander vertraut zu machen und sich wohl zu fühlen, können Sie zusammen nach Hause gehen. Wenn sie schließlich das Haus betreten, werden sie automatisch mehr Vertrauen zueinander haben, wodurch sich Ihre derzeitigen Hunde mit dem neuen Familienmitglied wohler fühlen. Es kann aber durchaus am Anfang noch zu einigen Spannungen kommen. Aus diesem Grund ist es wichtig, die Hunde im Haus getrennt zu halten, solange Sie nicht zu Hause sind. Der Welpe sollte sich in dem für ihn vorgesehenen Bereich aufhalten. Dort kann sich Ihr Welpe leichter entspannen und sich mit der neuen Umgebung vertraut machen.

Achten Sie darauf, dass keine Sachen des anderen Hundes im Bereich des Welpen landen. Dies kann von Ihrem älteren Hund als Bedrohung seines Platzes im Rudel angesehen werden und wird unnötige Spannungen zwischen ihm und dem neuen Welpen erzeugen. Der

Welpe wird wahrscheinlich auf allem und jedem im Welpenbereich herumkauen, auch auf den Dingen, die dem anderen Hund gehören. In diesem Stadium bedeutet Besitz für Border Collies noch nichts. Ihr älterer Hund hingegen wird dies als Herausforderung sehen, was möglicherweise zu einem sehr aggressiven Verhalten führt. Dies gilt auch, wenn Ihr Welpe außerhalb des Welpenbereichs ist. Stellen Sie sicher, dass sich alle Sachen Ihres älteren Hundes jederzeit außerhalb der Reichweite des Welpen befinden. Bevor Sie den Welpen aus dem zugewiesenen Bereich herausnehmen, sollten Sie Ihre Wohnung ein wenig aufräumen und die Spielsachen des Hundes an einem sicheren Ort aufbewahren.

Die Essenszeit ist ein weiteres potenzielles Problem, daher sollte Ihr Welpe zumindest am Anfang an einem anderen Ort essen. Das Essen ist meist die Quelle der meisten Hundekämpfe und unnötigen Spannungen. Wenn Ihr Welpe älter wird, können Sie Schritt für Schritt damit beginnen, ihn zusammen mit Ihren anderen Hunden zu füttern, aber vorerst sollten Sie sie dabei getrennt halten.

Ihr älterer Hund wird wahrscheinlich auch nicht glücklich darüber sein, Sie mit dem Welpen zu teilen. Geben Sie ihm das Gefühl, dass er weiß, dass Sie sich auch nach der Ankunft des Welpen noch um ihn kümmern. Planen Sie Einzelstunden mit Ihrem älteren Hund ein, zum Beispiel längere Spaziergänge, zusätzliches Training oder allgemeines Spielen. Dadurch zeigen Sie ihm, dass der Welpe kein Ersatz für ihn ist. Sie sollten mit Ihrem älteren Hund einen Zeitplan einhalten, den Sie nicht ändern, nachdem der Welpe angekommen ist. Das bedeutet auch, dass Sie mit Ihrem Welpen genauso streng und konsequent sein müssen wie mit dem älteren Hund. Ansonsten kann es zu Spannungen zwischen den beiden kommen.

Es gibt eine Reihe von Vorteilen, einen Hund im Haus zu haben, der die Regeln bereits kennt. Der größte ist, dass Ihr älterer Hund damit beginnen wird, Ihren Welpen für Fehlverhalten zu schelten. Da der ältere Hund sich nicht davon beeinflussen lässt, wie niedlich der Welpe ist, wird er einen viel objektiveren Ansatz für das Training haben. Er hilft dem Welpen außerdem, besser zu verstehen, wo er im Rudel steht und welche Verhaltensweisen inakzeptabel sind.

Einer der Gründe, weshalb einige Menschen Angst davor haben, sich einen Welpen anzuschaffen, ist, weil diese sehr herausfordernd sein können. Border Collies sind typischerweise fröhliche und liebenswerte Hunde, aber als Welpen strotzen auch sie vor Energie. Das bedeutet, dass sie sehr ungestüm sein können und eine potenzielle Gefahr für sich selbst oder andere darstellen können. Selbst ein entspannter Welpe kann einen Kampf anzetteln, wenn er aufgeregt ist, und diese Energie kann einem anderen Hund (insbesondere älteren Hunden) wirklich auf die Nerven gehen. Es wird Zeiten geben, in denen auch Ihr Border Collie unglücklich ist. Dies kann zu Wutausbrüchen gegenüber dem anderen Hund führen. Es ist zwar kein übliches Verhalten, aber das bedeutet nicht, dass es niemals vorkommt.

Ein untrainierter Border Collie wird die Persönlichkeit des stereotypen kleinen Hundemonsters annehmen. Um dies zu vermeiden, müssen Sie wirklich früh mit dem Training Ihres Welpen beginnen. Wenn Sie sehen, dass Ihr Welpe anfängt, aggressiv zu werden (nicht nur beim Spielen), schreiten Sie sofort ein und lassen Sie ihn wissen, dass dies nicht akzeptabel ist.

Mehrere Border Collie-Welpen großziehen?

Mehr als nur einen einzigen Welpen zu adoptieren ist mindestens doppelt so viel Arbeit. Sie müssen Ihre Aufmerksamkeit auf zwei oder mehr Welpen gleichzeitig aufteilen. Wenn Sie mehr als einen Border Collie-Welpen auf einmal aufziehen möchten, steht Ihnen eine echte Herausforderung bevor. Sie haben das gleiche Energieniveau und den gleichen Wunsch zu lernen, was bedeutet, dass sich ihr Fehlverhalten gegenseitig verstärken kann. Es wird viel mehr Energie und Arbeit erfordern, um sicherzustellen, dass sie sich so verhalten, wie Sie es wünschen.

Seien Sie darauf vorbereitet, dass Sie Ihr Privatleben, insbesondere Ihr Sozialleben, einschränken müssen, wenn Sie mehr als einen Welpen auf einmal haben. Sich um diese kleinen Welpen zu kümmern, wird wie zwei Vollzeitjobs auf einmal sein. Es ist notwendig, viel Arbeit in das Training Ihrer Welpen zu stecken, damit Ihr Zuhause nicht doppelt so schnell zerstört wird.

Zuerst müssen Sie Zeit mit ihnen verbringen, sowohl zusammen als auch getrennt. Das bedeutet, dass Sie doppelt so viel Zeit mit den Welpen verbringen müssen, um sicherzustellen, dass sie sich gut verstehen, in einem gleichmäßigen Tempo lernen und immer noch die Möglichkeit haben, Zeit mit Ihnen allein zu verbringen. Jeder Welpe hat seine eigenen Stärken und Schwächen und Sie müssen herausfinden, welche das bei jedem einzelnen sind und wie gut die Welpen zusammenarbeiten.

Sie können immer eine andere Person mit einem Welpen spielen oder trainieren lassen, während Sie das Gleiche mit dem anderen tun. Dadurch wird eine Bindung aufgebaut und die Welpen wissen, dass sie sowohl auf Sie als auch auf Ihren Trainingspartner hören müssen. Außerdem werden beide Welpen gerne beschäftigt, sodass sie nicht wimmern oder sich einsam fühlen, während Sie mit dem anderen spielen.

Es kann durchaus zu einigen Kämpfen zwischen den Welpen kommen, was vermutlich zwischen dem dritten und sechsten Lebensmonat beginnt. Sie neigen nicht dazu, so aggressiv zu sein wie viele andere Hunde, aber es ist dennoch äußerst wahrscheinlich, dass es zu kleineren Kämpfen kommen wird. Das ist in Ordnung, solange sie dabei nicht zu aggressiv vorgehen. Solange sie die Regeln verstehen und sich daran halten, sollten Kämpfe bei Ihren Welpen kein großes Problem darstellen.

Kapitel 8: Grundlegende Befehle

Es gibt so viele Tricks, die Ihr liebenswerter Welpe lernen kann, vom Apportieren bis hin zu wunderbaren Kunststücken der Beweglichkeit. All das beginnt mit dem Training mit ein paar einfachen Befehlen. Mit diesen Befehlen lernt Ihr Welpe nicht nur die grundlegendsten und notwendigsten Tricks, sondern er lernt auch, zu lernen. Sobald Ihr Welpe diese Befehle beherrscht, gibt es eine ganze Reihe von Tricks, die Sie ihm beibringen können.

Einer der interessantesten Aspekte bei der Haltung eines Border Collies ist die Bestimmung der richtigen Belohnung. Sie sollten die Leckerlis auf ein Minimum beschränken, aber das sollte bei einem Border Collie kein Problem sein, da es so viele andere Dinge gibt, die ihn motivieren können. Leckerlis können ein guter Ausgangspunkt sein, aber Sie müssen schnell zu etwas wechseln, das ein sekundärer Verstärker ist. Lob, zusätzliche Spielzeit und zusätzliche Streicheleinheiten sind alles fantastische Belohnungen für Hunde. Sich in Ruhe einen Film anzusehen und den Welpen bei Ihnen sitzen zu lassen, ist eine großartige Belohnung nach einer intensiven Trainingseinheit. Ihr Welpe hat nicht nur etwas gelernt, sondern Sie beide können sich nun entspannen und das gemeinsame Entspannen genießen.

Wenn Sie beginnen, den Respekt Ihres Hundes zu gewinnen, können Sie dies für das Training Ihres Hundes nutzen. Schenken Sie Ihrem Welpen am Ende jeder Sitzung zusätzliche Aufmerksamkeit oder einen schönen Spaziergang, um zu zeigen, wie zufrieden Sie mit den erzielten Fortschritten sind.

Erfolgreiches Training

Beim Training geht es für Ihren Welpen darum, die Befehle zu lernen. Wenn Ihr Hund lernt, nur auf die Belohnungen zu reagieren, war das Training nicht erfolgreich.

Den Respekt Ihres Hundes zu gewinnen, ist im Allgemeinen der Schlüssel zu einem erfolgreichen Training. Während Sie und Ihr Hund zusammenarbeiten, wird er Sie respektieren (solange Sie konsequent und entschlossen bleiben). Erwarten Sie in den ersten Tagen des Trainings keinen Respekt, da Ihr Welpe noch nicht über das nötige Verständnis oder die nötige Beziehung verfügt, um zu verstehen. Glücklicherweise zeigt sich seine Intelligenz schon früh, sodass Sie leicht erkennen können, wann er anfängt, auf Sie zu reagieren und nicht nur auf die Belohnung. Dies ist der Zeitpunkt, an dem Sie damit beginnen können, zu Belohnungen zu wechseln, die Spaß machen, anstatt zu denen, die sich um Futter drehen.

Selbst am Anfang müssen Sie das Anfassen und Streicheln zu einem Teil der Belohnung machen. Auch wenn Ihr Hund nicht ganz versteht, was es ist, so wird er beginnen zu verstehen, dass Leckerlis und Streicheln beides Arten von Belohnungen sind. Dadurch wird es einfacher, von Leckerlis auf ein Belohnungssystem umzustellen, das mehr auf Aufmerksamkeit basiert. Die Assoziation, dass Streicheln und Anfassen angenehm sind, wird Ihren Welpen auch dazu ermutigen, die Spielzeit als eine großartige Belohnung zu betrachten. Unabhängig davon, wie gerne er frisst, ist es eine willkommene Belohnung, wenn er unterhalten wird und mit Ihnen spielt, da dies bedeutet, dass er nicht alleine ist oder sich langweilt.

Die Grundkommandos

Für den Welpen gibt es fünf Grundkommandos, die Sie ihm beibringen sollten. Diese Befehle sind die Grundlage für eine glückliche und angenehme Beziehung. Wenn Ihr Welpe die fünf Kommandos gelernt hat, wird der Zweck des Trainings für ihn klar sein. Das macht es viel einfacher, ihn auf die komplexeren Konzepte zu trainieren.

Sie sollten den Welpen auch in der Reihenfolge der Liste trainieren. „Sitz" ist ein Grundkommando, das alle Hunde und auch Ihr Border Collie beherrschen sollten. Das Lehren von „Aus" und „Stop" sind beide schwierig und bekämpfen die Instinkte und Wünsche Ihres Hundes. Es wird länger dauern, sie zu lernen als die anderen Kommandos, also sollten Sie die notwendigen Werkzeuge bereits zur Hand haben, um Ihre Erfolgsaussichten zu erhöhen.

Hier sind einige grundlegende Richtlinien, die Sie beim Training beachten sollten:

- Jeder im Haushalt sollte Teil des Trainings sein, denn der Hund muss lernen, auf jeden im Haushalt zu hören, nicht nur auf eine Person.
- Wählen Sie für den Anfang einen Bereich, in dem Sie und Ihr Welpe keine Ablenkungen haben, einschließlich Lärm. Lassen Sie Ihr Telefon und andere Geräte außer Reichweite, damit Sie Ihre Aufmerksamkeit auf den Welpen richten können.
- Bleiben Sie fröhlich und begeistert vom Training. Ihr Welpe wird Ihre Begeisterung aufgreifen und sich dadurch besser konzentrieren.
- Beginnen Sie mit dem Erlernen von „Sitz", wenn Ihr Welpe etwa acht Wochen alt ist.
- Seien Sie beim Unterrichten konsequent und entschlossen.
- Bringen Sie zu den ersten Trainingseinheiten eine besondere Leckerei mit, zum Beispiel Hühnchen oder Käse.

Wenn Sie vorbereitet sind, können Sie mit der Arbeit und der Bindung zu Ihrem Hund beginnen.

Sobald Sie sich mit dem speziellen Leckerli an Ihrem ruhigen Platz niedergelassen haben, beginnen Sie mit dem Training. Es ist relativ einfach, Ihrem Hund das Befolgen dieses Befehls beizubringen. Warten Sie, bis Ihr Welpe beginnt, sich hinzusetzen und sagen Sie

„Sitz". Wenn Ihr Welpe mit dem Hinsetzen fertig ist, beginnen Sie, ihn dafür zu loben. Natürlich wird Ihr Welpe dadurch unglaublich aufgeregt und zappelig, daher kann es ein wenig dauern, bis er sich wieder hinsetzen will. Wenn die Zeit gekommen ist und der Welpe sich wieder hinsetzt, wiederholen Sie den Vorgang.

Es wird mehr als ein paar Sitzungen dauern, bis der Welpe Ihre Worte vollständig mit den Handlungen verbindet. Tatsächlich könnte es etwas mehr als eine Woche dauern, bis Ihr Welpe es verstanden hat. Border Collies sind intelligent, aber in diesem Alter gibt es noch so viel zu lernen, so dass es dem Welpen schwer fallen wird, sich zu konzentrieren. Kommandos sind etwas völlig Neues für ihn. Sobald Ihr Welpe jedoch Ihre Absicht verstanden hat und „Sitz" beherrscht, werden die anderen Befehle wahrscheinlich etwas leichter zu vermitteln sein.

Sobald Ihr Welpe gezeigt hat, dass er „Sitz" beherrscht, ist es an der Zeit, ihm „Platz" beizubringen.

Platz

Wiederholen Sie zum Erlernen dieses Befehls denselben Vorgang wie bei „Sitz". Warten Sie, bis der Welpe beginnt, sich hinzulegen und sagen Sie dann das Wort. Wenn der Welpe die Aktion beendet, bieten Sie die von Ihnen gewählte Belohnung an. Es wird wahrscheinlich etwas weniger Zeit in Anspruch nehmen, diesen Befehl zu lehren, nachdem Sie begonnen haben, ihn zu trainieren. Warten Sie, bis Ihr Welpe „Platz" beherrscht, bevor Sie mit „Halt" fortfahren.

Halt

Dieses Kommando wird schwieriger sein, da es nicht etwas ist, das Ihr Welpe von Natur aus tut. Stellen Sie sich darauf ein, dass es etwas länger dauert, dieses Kommando zu trainieren. Es ist auch wichtig, dass der Welpe das Kommando „Sitz" und „Platz" beherrscht und konsequent ausführt, bevor Sie mit dem Training von „Halt" beginnen.

Sagen Sie Ihrem Welpen, dass er entweder „Sitz" oder „Halt" machen soll. Halten Sie dabei Ihre Hand vor das Gesicht des Welpen. Warten Sie, bis der Welpe nicht mehr versucht, an Ihrer Hand zu lecken, bevor Sie erneut beginnen.

Wenn sich der Welpe beruhigt hat, gehen Sie einen Schritt von ihm weg. Wenn sich Ihr Welpe nicht bewegt, sagen Sie „Halt" und geben Sie ihm das Leckerli und etwas Lob für das Bleiben.

Wenn Sie Ihrem Welpen die Belohnung geben, bedeutet dies, dass der Befehl beendet ist, aber Sie müssen auch anzeigen, dass der Befehl abgeschlossen ist. Der Welpe muss lernen, so lange zu bleiben, bis Sie sagen, dass er die Stelle verlassen darf. Sobald Sie die Erlaubnis zum Verlassen des Platzes gegeben haben, geben Sie keine Leckerlis mehr.

Wiederholen Sie diese Schritte, wobei Sie nach einem erfolgreichen Kommando weitere Schritte vom Welpen weggehen. Sobald Ihr Welpe „Halt" versteht, wenn Sie sich wegbewegen, beginnen Sie mit dem Training auf „Halt", auch wenn Sie sich nicht bewegen. Wenn Sie das Gefühl haben, dass Ihr Welpe „Halt" beherrscht, beginnen Sie damit, den Welpen auf „Hier" zu trainieren.

Hier

Bevor Sie beginnen, entscheiden Sie, ob Sie für das Kommando „Hier" oder „Hier her" verwenden möchten. Sie müssen bei den Worten, die Sie verwenden, konsequent sein, also planen Sie es so, dass Sie absichtlich jedes Mal das richtige Kommando verwenden werden.

Leinen Sie den Welpen an. Sagen Sie dem Welpen, dass er bleiben (Halt) soll. Entfernen Sie sich vom Welpen. Sagen Sie den Befehl, den Sie für „Hier" verwenden werden und ziehen Sie leicht an der Leine in Ihre Richtung. Solange Sie den Begriff nicht verwendet haben, um anzuzeigen, dass das Kommando „Halt" beendet ist, wird Ihr Welpe beginnen, den Zweck Ihres neuen Kommandos zu verstehen. Wenn Sie den Begriff verwenden, um das Ende von „Halt" anzuzeigen, wird dies Ihren Welpen verwirren, da er den Befehl damit assoziiert, dass er sich frei bewegen kann.

Wiederholen Sie diese Schritte, indem Sie einen größeren Abstand zwischen Ihnen und dem Welpen aufbauen. Wenn der Welpe das Kommando verstanden zu haben scheint, nehmen Sie die Leine ab und beginnen Sie mit einem geringeren Abstand. Wenn Ihr Welpe den Befehl nicht zu verstehen scheint, geben Sie einige visuelle Hinweise darauf, was Sie wollen. Sie können zum Beispiel Ihr Bein tätscheln oder mit den Fingern schnippen. Sobald Ihr Welpe zu Ihnen rennt, bieten Sie eine Belohnung an.

Aus

Dies wird einer der schwierigsten Befehle sein, die Sie Ihrem Welpen beibringen werden, da er sowohl den Instinkten als auch den Interessen Ihres Welpen zuwiderläuft. Ihr Welpe möchte alles, was er hat, behalten, also müssen Sie ihm etwas Besseres anbieten. Es ist wichtig, dass Sie es früh trainieren, da Ihr Border Collie in den ersten Tagen sehr zerstörerisch sein wird. Sie wollen den Auslöser setzen, um den Welpen zu überzeugen, Dinge fallen zu lassen. Möglicherweise müssen Sie mit dem Lehren dieses Befehls außerhalb des Trainingsplatzes beginnen, da er einen anderen Ausgangspunkt hat.

Beginnen Sie, wenn Sie Zeit haben, sich der Lektion zu widmen. Sie müssen warten, bis der Welpe etwas im Maul hat, das er fallen lassen kann. Spielzeug ist normalerweise am besten geeignet. Bieten Sie dem Welpen ein besonderes Leckerli an. Wenn der Welpe das Spielzeug fallen lässt, sagen Sie „Aus", und übergeben Sie das Leckerli.

Dies wird einer der seltenen Fälle sein, in denen Sie ein Leckerli verwenden müssen, weil Ihr Welpe etwas Besseres braucht, um ihn zu überzeugen, das Spielzeug fallen zu lassen.

Dies ist einer der beiden Befehle, die am längsten zum Erlernen brauchen (der andere ist „Stop"). Seien Sie darauf vorbereitet, mit Ihrem Welpen geduldig zu sein. Sobald Ihr Welpe es verstanden hat, beginnen Sie damit, ihm „Aus" mit Futter beizubringen. Dies ist unglaublich wichtig, denn es könnte Ihrem Hund das Leben retten. Wenn Sie mit ihm spazieren gehen, wird er sich wahrscheinlich auf Dinge stürzen, die wie Futter aussehen und da er so niedrig am Boden liegt, wird er wahrscheinlich viele Dinge sehen, die wie Futter aussehen, lange bevor Sie es sehen. Dieses Kommando bringt sie dazu, alles fallen zu lassen, worauf sie gerade kauen, bevor sie es verschlucken.

Stop

Am Anfang können Sie auch sparsam Leckerlis verwenden, um „Stop" zu verstärken. Wenn Ihr Welpe ohne ersichtlichen Grund bellt, sagen Sie ihm „Stop" und legen Sie ein Leckerli in die Nähe. Es ist fast garantiert, dass der Hund verstummt, um an dem Leckerli zu schnuppern. Es wird nicht allzu lange dauern, bis Ihr Welpe verstanden hat, dass „Stop" kein Bellen bedeutet. Es kann jedoch eine Weile dauern, bis Ihr Welpe lernt, den Drang zum Bellen zu bekämpfen. Seien Sie geduldig mit Ihrem Welpen, denn es ist schwierig, sich etwas abzugewöhnen, was man von Natur aus tut. Wie lange haben Sie gebraucht, um zu lernen, morgens früh aufzustehen oder zu einer bestimmten Zeit ins Bett zu gehen? Für einen Border Collie ist es ähnlich, zu lernen, nicht zu bellen.

Wie geht es weiter?

Dies sind alle grundlegenden Befehle, die Sie wahrscheinlich für Ihren Border Collie benötigen. Wenn Sie jedoch wollen, dass Ihr Hund Tricks macht, gibt es viele weitere Möglichkeiten, ihm diese anzutrainieren. Doch zunächst sollte er die Grundkommandos beherrschen. Stellen Sie nur sicher, dass die Tricks, die Sie Ihrem Welpen beibringen, nicht zu anstrengend für ihn sind. Wenn Ihr Welpe erwachsen wird, können Sie damit beginnen, ihm Tricks beizubringen, die seine Agilität unterstreichen. Apportieren und andere interaktive Tricks sind ideal, denn Ihr Hund wird sie gerne ausführen.

Kapitel 9: Eine gute Sozialisierung

Die Sozialisierung Ihres Border Collie-Welpen von einem frühen Alter an ist unerlässlich. Wissen Sie, warum? Weil ein Hund, der gut sozialisiert ist, nicht aggressiv gegenüber anderen Hunden oder Menschen ist. Er weiß, dass andere Hunde und Menschen existieren und nicht unbedingt eine Bedrohung für sein Revier sind. Ein Hund, der nicht sozialisiert ist, hat dagegen das Gefühl, dass die Welt ihm gehört und er selbst über allem steht. Er wird wütend und fühlt sich bedroht, wenn andere Hunde oder Menschen sich nähern. Sobald Sie also Ihren Welpen nach Hause bringen, müssen Sie damit beginnen, ihn zu sozialisieren. Gewöhnen Sie ihn daran, andere Menschen und Hunde in seinem Leben zu haben.

So kommt Ihr Border Collie mit jedem aus

Ihre Einstellung ist sehr transparent für Ihren Hund. Er kann in Ihnen lesen wie ein Mensch in einem Buch. Wenn Sie sauer auf ihn sind, kann er das spüren. Er kann auch spüren, wenn Sie schlechte Laune haben und er wird dabei nicht verstehen, dass Ihre schlechte Laune nichts mit ihm zu tun hat.

Daher müssen Sie während des Prozesses der Sozialisierung auf eine gute Einstellung achten. Ihr Welpe wird sich besser binden, wenn er von Ihnen gute Schwingungen erhält. Seien Sie immer geduldig, sanft, ermutigend und liebevoll. Zeigen Sie mehr Stolz und Freude als Ärger oder Frustration. Wenn Sie frustriert sind, gehen Sie eine Minute zur Seite, atmen Sie tief durch und probieren Sie eine neue Aktivität mit Ihrem Welpen aus und kehren Sie dann zurück, wenn Sie sich ruhig und gelassen fühlen. Positivität ist Ihr Schlüssel zum Erfolg beim Training Ihres Hundes. Bedrängen Sie Ihren Hund nicht und werden Sie nicht wütend, sonst ruinieren Sie die Trainingserfahrung und die Gesamtergebnisse für Sie beide.

Die Aufgabe bei der Sozialisierung Ihres Hundes besteht darin, ihn so zu konditionieren, dass er die Art von Hund wird, die Sie sich wünschen, wenn er erwachsen ist. Der Hund, zu dem er heranwächst, wird größtenteils in den ersten acht Monaten seines Lebens geformt. Daher sollten Sie in dieser Zeit die meiste Arbeit leisten und sich auf Ihr Endziel konzentrieren (je früher, desto besser ist die Faustregel beim Training). Also haben Sie einen Plan und halten Sie sich daran, seien Sie konsequent, seien Sie sich im Klaren darüber, was Sie von ihm erwarten und machen Sie es ihm klar. Freuen Sie sich, wenn er das tut, was Sie wollen und belohnen Sie ihn für erwünschtes Verhalten großzügig. Wenn Sie diese Prinzipien befolgen, werden Sie erstaunt sein, wie gut Sie Ihren neuen Border Collie trainieren können.

Ein weiterer großer Teil der Sozialisierung ist das Schmieden der besonderen Bindung, die Sie mit Ihrem Hund für den Rest seines Lebens teilen möchten. Tun Sie dies, indem Sie ihm beibringen, dass Sie der Boss sind. Aber Sie wollen ihm auch beibringen, dass Sie ihn lieben und dass Sie beide die besten Freunde sind. Wenn Sie den in diesem Trainingsleitfaden skizzierten richtigen Ansatz wählen und Ihren Hund von Anfang an wie einen besten Freund behandeln, wird er der treueste und liebevollste Freund werden, den Sie wahrscheinlich jemals hatten. Gehen Sie an die Sozialisierung mit der Einstellung heran, dass Sie mit Ihrem Hund befreundet sein wollen, aber stellen Sie sicher, dass Sie ihm gleichzeitig zeigen, dass Sie der dominante Freund und der Rudelführer sind. Seien Sie sanft, aber bestimmt. Geben Sie die Richtung vor, ohne gemein oder aggressiv zu sein. Festigkeit ist immer besser als Aggression, wenn Sie einen Border Collie sozialisieren.

Ihr Welpe beginnt den Sozialisierungsprozess bereits im Alter von drei Wochen. Bis zu zwölf Wochen sozialisiert er sich mit seinen Wurfgeschwistern und lernt, mit ihnen sowie seiner Mutter zu spielen.

Natürlich kann man nicht einfach erwarten, dass ein Welpe von seinen Wurfgeschwistern und seiner Mutter lernt, wie man ein guter Hund ist. Sie müssen darauf achten, ihn im Alter von sieben bis zwölf

Wochen dem Menschen auszusetzen und ihn an menschlichen Kontakt zu gewöhnen, wenn Sie ihn in diesem frühen Stadium haben. Ganz einfach, weil dies die beeindruckendste Zeit im Leben eines Welpen ist und sie Ihren Hund wirklich prägt, wenn er heranreift. Wenn Ihr Border Collie dagegen schon etwas älter ist, sobald Sie ihn in Ihr Leben aufnehmen, brauchen Sie sich keine Sorgen um Ihre Effektivität beim Training zu machen. Sie werden einfach ein bisschen mehr Zeit dafür aufwenden müssen. Bewegen Sie seinen Körper, streicheln Sie ihn und spielen Sie mit ihm. Gewöhnen Sie ihn daran, von Menschen angefasst zu werden. Er wird lernen, dass Sie es nicht böse meinen und dass er bei Menschen sicher ist.

Setzen Sie Ihren Welpen einer vielfältigen Umgebung aus. Nehmen Sie ihn mit nach draußen, auf Spaziergänge, gehen Sie in den Park, wo es viel Gras gibt, auf betonierte Wege, zu gesellschaftlichen Anlässen, bei denen auch andere Hunde und viele Menschen sind, zu einem See, zu einem Bach oder einem Teich oder Ihr örtliches Schwimmbad. Haben Sie Spaß daran, werden Sie kreativ und stellen Sie ihm verschiedene Landschaften vor, von natürlichen Umgebungen bis hin zu Fußgängerzonen in Städten. Legen Sie ihn auch auf unterschiedlich strukturierte Decken, Bodenbeläge, Räume, Flure und Treppen.

So lernt er, dass es in Ordnung ist, neugierig zu sein, anstatt Angst vor vielen verschiedenen und neuen Dingen zu haben. Ein weltgewandter und offener Hund ist ein guter Hund. Wenn Sie Freunde zu Besuch haben, lassen Sie sie mit Ihrem Hund spielen, damit er sich an sie gewöhnt und lernt, andere Menschen zu mögen. Sie möchten nicht, dass er übermäßig an Ihnen hängt und dass er anderen Menschen misstraut.

Verbringen Sie viel Zeit damit, mit Ihrem Welpen zu spielen, denn das wird Sie beide eng miteinander verbinden. Dabei lernt er auch, was akzeptabel ist und was nicht, wenn es um die Interaktion mit Ihnen und anderen geht. Es lehrt ihn, dass Sie ein gutes, vertrauenswürdiges Herrchen sind, das ihn liebt und dass das Zusammensein mit Ihnen glückliche und lustige Zeiten mit sich bringt.

Geben Sie Ihrem Hund unbedingt etwas Zeit für sich allein. So lernt er, nicht ängstlich zu sein, wenn Sie nicht verfügbar sind, um mit ihm zu spielen. Setzen Sie ihn ein paar Mal am Tag für ein oder zwei Stunden alleine in eine Kiste, um ihn schlafen zu lassen.

Scheuen Sie sich nicht, Ihren Hund zu disziplinieren, um schlechte Angewohnheiten frühzeitig zu verhindern. Wenn er Sie beim Spielen beißt, sagen Sie ihm fest „Aus" oder „Nein“. Sagen Sie „Nein", wenn er im Haus uriniert, auch wenn er noch zu jung ist, um das Töpfchentraining zu verstehen. Lassen Sie Ihren Hund nicht damit durchkommen, Ihre Sachen zu zerkauen und zu zerreißen. Natürlich wird er das tun, weil er ein Welpe ist, aber wenn Sie ihm früh beibringen, was erlaubt ist und was nicht, wird er zu einem gehorsameren Hund heranwachsen und Sie müssen später weniger korrigierend eingreifen. Wenn Sie nicht alle zwei Wochen Möbel einkaufen gehen wollen, kann ein Kauspielzeug eine spektakuläre Alternative für Ihren Welpen und Ihren Geldbeutel sein.

Wenn Sie das schlechte Verhalten beenden und durch ein gutes ersetzen, zeigen Sie ihm, dass Sie der Chef sind und er sich an Sie halten muss. Lassen Sie ihn wissen, welche Verhaltensweisen akzeptabel sind und welche nicht und fangen Sie sofort damit an. Seien Sie hart, nicht grausam. Vermeiden Sie körperliche Bestrafung und Schreien, da diese Handlungen Ihren Hund bloß einschüchtern und ein Leben lang traumatisieren können. Sie möchten nicht, dass er sich duckt, sondern dass er Sie mit Stolz respektiert. Ein festes „Nein" und eine Umleitung zu einer anderen Aktivität reichen aus, um ein Verhalten zu ändern und Ihren Welpen zu disziplinieren.

Nach zwölf Wochen ist es an der Zeit, mit leichtem Training zu beginnen. Führen Sie ihn an seine Kiste heran und zeigen Sie ihm, dass die Kiste ein sicherer Ort ist, an dem er Ruhe finden kann. Benutzen Sie die Kiste niemals als Strafe, sonst wird er die Kiste hassen und sie um jeden Preis meiden. Sie werden lernen, dass Ihr Hund seine Kiste liebt, weil sie sein privater Zufluchtsort ist, was für ihn auch ein Gefühl von Sicherheit und Geborgenheit ist.

Eine gute Idee ist es, Ihren Border Collie in einem Welpenkurs anzumelden, bevor er drei Monate alt ist. In einer Welpenklasse lernt er neue Hunde und Menschen kennen und lernt gleichzeitig grundlegende Gehorsamkeit. Sie machen Spaß für den Hund und sind aufschlussreich für Sie als Besitzer. Achten Sie darauf, dass Ihr Welpe mindestens sieben Tage vor der Anmeldung geimpft wird. Sie möchten Ihren geliebten Welpen nicht durch eine Krankheit wie beispielsweise Parvovirose verlieren. Sollten Sie sich dazu entschließen, ihn für ein fortgeschrittenes Training in eine Welpenschule zu bringen, so akzeptieren die meisten Welpenkurse keine ungeimpften Hunde.

Vereinbaren Sie Spieltermine für Ihren Hund, damit er lernt, mit anderen zu interagieren. Gehen Sie unbedingt mit ihm spazieren und spielen Sie mit ihm, um ihn an die Welt zu gewöhnen. Setzen Sie ihn einer Vielzahl von Menschen, Hunden und Orten aus, um ihm die Angst zu nehmen und ihm zu zeigen, dass er die Welt so akzeptieren kann, wie sie ist.

Die Phasen der Furchtprägung

Beachten Sie, dass Welpen zwei Phasen der Angstprägung durchlaufen, eine mit acht bis elf Wochen und eine weitere mit sechs bis 14 Monaten. Während dieser beiden Phasen ist die Wahrscheinlichkeit größer, dass Ihr Welpe Phobien entwickelt. Alle negativen Reize können einen bleibenden Eindruck bei Ihrem Hund hinterlassen und eine Angst erzeugen, die für den Rest seines Lebens bestehen bleibt. Zum Beispiel könnte Ihr Hund Angst vor allen Männern bekommen, wenn ein Mann in dieser Phase ausfällig ihm gegenüber wird. Oder er könnte Angst vor Kindern bekommen, wenn ein Kind ständig an seinen Ohren und seinem Schwanz zieht.

Um zu vermeiden, dass Ihr Hund Angst bekommt, versuchen Sie zu vermeiden, ihn beängstigenden Dingen auszusetzen, wie zum Beispiel lauten Geräuschen wie einem Feuerwerk, aus Zorn zu Schreien oder schmerzverursachende Aktionen. Disziplinieren Sie ihn in diesen Phasen seines Lebens nicht übereifrig, sondern seien Sie sanft. Setzen Sie ihn Dingen wie Straßenverkehr, Musik und anderen normalen

Umweltreizen aus, indem Sie regelmäßig mit ihm in der Stadt spazieren gehen, um ihn darauf zu konditionieren, die ängstliche Haltung abzulegen und ihm zu zeigen, dass die meisten Reize harmlos sind. Je mehr Sie ihn der realen Welt um ihn herum aussetzen, desto weniger Angst wird er haben.

Ihr Hund könnte zum Beispiel Angst vor einem Luftballon bekommen, nur weil er das Geräusch hasst, das entsteht, wenn er auf einer Oberfläche reibt. In einem solchen Fall ist es nicht zu empfehlen, ihn platzen zu lassen. Das könnte ihn nur zu Tode erschrecken.

Wenn Ihr Welpe beginnt, eine Angst zu entwickeln, versuchen Sie, diese mit ihm durchzuarbeiten und zeigen Sie ihm, dass alles in Ordnung ist. Um auf das Beispiel mit den Luftballons zurückzukommen, können Sie versuchen, Luftballons zu halten und ihn an sie heranzuführen, während Sie ihn ermutigen. Lassen Sie ihn erkennen, dass die Dinge, vor denen er Angst hat, ihm wirklich nicht wehtun werden. Helfen Sie ihm, positive Assoziationen anstelle von negativen zu entwickeln.

Wenn Ihr Welpe eine schlechte Erfahrung mit einem Menschen, einem anderen Hund oder einem anderen Tier gemacht hat, kann er ängstlich werden. Aber diese Angst muss nicht dauerhaft sein, wenn Sie darauf achten, sie zu korrigieren und ihn neu zu konditionieren. Es ist eine gute Idee, ihn netten und freundlichen, fröhlichen Menschen, Hunden und Tieren auszusetzen, um ihm zu zeigen, dass nicht jeder Fremde eine Gefahr darstellt. Wenn es zum Beispiel einen untrainierten Hund in Ihrem örtlichen Hundepark gibt, der Ihren Border Collie angreift, werden Sie diesen Hund aus offensichtlichen Gründen meiden wollen. Setzen Sie ihn anderen, besser sozialisierten und spielerischen Hunden aus, um ihm zu helfen, seine Angst vor anderen Hunden zu überwinden. Die Überwindung der Angst ist ein wichtiger Teil der Sozialisierung Ihres Welpen.

Vielleicht möchten Sie ihn auch mit verschiedenen Seiten von sich selbst konfrontieren. Sie können einen Hut oder eine Sonnenbrille tragen, ein Kleid oder Shorts, statt einer Hose oder Jeans. Sie können

Ihre Frisur ändern, ein anders riechendes Parfüm oder auch Shampoo verwenden. Er wird diese Veränderungen bemerken. Wenn Sie weiterhin mit ihm reden und ihn wissen lassen, dass alles in Ordnung ist, wenn Sie anders aussehen, wird er lernen zu akzeptieren, dass sich Ihr Aussehen oder Ihr Geruch manchmal ändert. Dann wird er nicht so nervös wegen der Veränderung sein.

Die wichtigsten Schritte zur Sozialisierung Ihres Hundes zusammengefasst:

- Stellen Sie Ihren Welpen Freunden in Ihrem eigenen Zuhause vor.
- Laden Sie Freunde mit Hunden oder Welpen ein, Ihren Hund kennenzulernen (stellen Sie sicher, dass alle geimpft sind).
- Machen Sie Ihren Welpen mit Menschen unterschiedlicher Größe, Körperform, Geschlecht und Hautfarbe bekannt.
- Stellen Sie Ihren Welpen Kindern unterschiedlichen Alters vor – stellen Sie nur sicher, dass sie wissen, wie sie den Welpen sicher handhaben können.
- Nehmen Sie Ihren Welpen im Auto mit, wenn Sie Besorgungen machen.
- Gehen Sie mit Ihrem Welpen an so vielen Orten wie möglich spazieren, damit er verschiedene Oberflächen und Umgebungen kennenlernt.
- Setzen Sie Ihren Welpen dem Wasser aus Schläuchen, Sprinklern, Duschen usw. aus. Achten Sie darauf, dass Sie Ihren Welpen unter Kontrolle haben, wenn Sie ihn an Wasserstellen heranführen, in denen er ertrinken könnte.
- Stellen Sie sicher, dass Ihr Welpe laute Geräusche wie Feuerwerk, Autos mit Fehlzündungen, laute Musik, Donner usw. erlebt.
- Führen Sie Ihren Welpen an verschiedene Geräte und Werkzeuge wie Mixer, Rasenmäher, Staubsauger usw. heran.
- Gehen Sie mit Ihrem Welpen mit verschiedenen Arten von Geschirren und Leinen spazieren.

- Sobald er alt genug ist, gehen Sie mit Ihrem Welpen in den Hundepark bzw. an den Hundestrand, damit er mit anderen Hunden interagieren kann.

Kapitel 10: Erziehung und Training

Das Training von Hunden ist wie die Erziehung von Kindern. Beides ist schwierig und wird Ihre Geduld mit Sicherheit manchmal auf die Probe stellen. Border Collies sind so liebenswert und unwiderstehlich, dass man oft versucht ist, sie einfach mit ihrem Vergehen davonkommen zu lassen. Wenn Sie von Natur aus ein Spielverderber sind und es Ihnen nichts ausmacht, immer wiederkehrendes Fehlverhalten zu dulden, dann sollten Sie ihnen auf jeden Fall nachsichtig sein. Aber wenn Sie einen gut erzogenen Hund haben wollen, ist Training ein Muss. In diesem Kapitel erfahren Sie, wie Sie Ihren Welpen stubenrein machen und sozialisieren. Tipps für das Training und das Erlernen von Tricks sind ebenfalls in diesem Abschnitt enthalten.

Positive Verstärkung anwenden

Einen Hund zu trainieren ist nicht so schwierig, wie viele Leute denken – es hat alles mit der Belohnung zu tun. Denken Sie darüber nach – wenn Sie möchten, dass jemand etwas für Sie tut, bieten Sie ihm wahrscheinlich etwas als Gegenleistung an. Das gleiche Konzept gilt für das Hundetraining – wenn Sie Ihren Hund für ein bestimmtes Verhalten belohnen, wird er es in Zukunft mit größerer Wahrscheinlichkeit wiederholen. Dies wird als positives Verstärkungstraining bezeichnet und ist eine der einfachsten und dennoch effektivsten Trainingsmethoden, die Sie als Hundebesitzer anwenden können.

Der Schlüssel zum Erfolg beim Hundetraining ist zweierlei. Zum einen müssen Sie sicherstellen, dass Ihr Hund versteht, was Sie von ihm verlangen. Wenn er nicht weiß, was ein Befehl bedeutet, spielt es keine Rolle, wie oft Sie diesen Befehl aussprechen, er wird nicht richtig reagieren. Um Ihrem Hund beizubringen, was ein Befehl bedeutet, sollten Sie ihn aussprechen und ihn dann anleiten, das Verhalten auszuführen. Sobald er es tut, geben Sie ihm sofort ein Leckerli und loben ihn – je eher Sie ihn belohnen, nachdem er das gewünschte Verhalten erkannt hat, desto schneller wird Ihr Welpe lernen.

Der zweite Schlüssel zum Erfolg beim Hundetraining ist Konsequenz. Während Ihr Welpe die grundlegenden Gehorsamsbefehle lernt, müssen Sie jedes Mal die gleichen Befehle verwenden und ihn konsequent belohnen. Wenn Sie konsequent bleiben, braucht Ihr Welpe nur ein paar Wiederholungen, um zu lernen, was Sie von ihm erwarten. Sie können dann zu einem anderen Befehl übergehen und zwischen ihnen abwechseln, um das Verständnis Ihres Welpen zu verstärken. Achten Sie nur darauf, die Trainingseinheiten kurz zu halten – etwa fünf bis zehn Minuten –. Sie können kurze, aber häufige Trainingseinheiten über den Tag verteilen.

Negative Konsequenzen für das Respekttraining

Für einen gut erzogenen Hund, der Ihnen nicht nur folgt, wenn Sie ihn bitten, etwas zu tun, sondern der Ihnen auch gehorcht, wenn Sie ihn auffordern, unerwünschte Handlungen zu unterlassen, müssen Sie sich seinen Respekt verdienen. Daher ist positive Verstärkung kein ausreichendes Training, weil es Ihrem Hund nicht beibringt, Sie zu respektieren. Wenn Ihr Hund nicht in der Stimmung für ein Leckerli ist, wird er sich einfach dafür entscheiden, nicht auf Ihren Befehl zu hören. Als sein Anführer dürfen Sie Ihren Hund niemals in dem Glauben lassen, dass Sie sein Gefolgsmann sind, sonst werden Sie Probleme haben, ihn dazu zu bringen, auf Sie zu hören und Ihnen zu gehorchen. Daher ist das Training von Respekt ein Muss. Sie müssen Regeln aufstellen, damit er weiß, dass Sie in der Lage sind, sein Anführer zu sein.

Wenn er sich daneben benimmt, müssen Sie ihm „Nein“ oder „Stop“ sagen. Sie müssen konsequent, aber sehr sanft sein. Verletzen Sie Ihren Hund niemals, schimpfen Sie nicht mit ihm und schreien Sie ihn nicht an, denn Bestrafung funktioniert bei ihm nicht. Es verletzt nur seine sensiblen Gefühle und wird ihn dazu bringen, zu schmollen und Trübsal zu blasen. Die gute Nachricht ist, dass Border Collies im

Allgemeinen sehr menschenfreundlich sind. Wenn sie also (sanft, aber bestimmt) zurechtgewiesen werden, werden sie das Fehlverhalten höchstwahrscheinlich nicht wiederholen wollen. Denken Sie daran: Konsequenz ist der Schlüssel zum erfolgreichen Training.

Kistentraining – Stubenreinheit für Ihren Welpen

Neben dem Gehorsamkeitstraining ist das Stubenreinheitstraining für Welpen sehr wichtig. Schließlich wollen Sie nicht das ganze Leben Ihres Hundes damit verbringen, ihm mit einem Kotbeutel hinterher zu laufen. Einen Border Collie stubenrein zu machen, ist keine leichte Aufgabe. Sparen Sie sich Ihre Geduld dafür auf. Der Schlüssel zur Stubenreinheit liegt in der angemessenen Nutzung der Welpenkiste. Wenn Sie in der Lage sind, Ihren Welpen zu beobachten, halten Sie ihn immer im selben Raum mit Ihnen und zeigen Sie etwa alle 60 Minuten auf die Toilette in seinem speziellen Bereich, um ihm die Möglichkeit zu geben, sein Geschäft zu erledigen. Führen Sie ihn immer zur Toilette und geben Sie ihm ein Kommando wie „Geh Pipi", damit er lernt, was von ihm erwartet wird, wenn Sie ihn in diesen Bereich bringen. Wenn er diese Aufgabe erfolgreich erledigt hat, sollten Sie ihn belohnen.

Wenn Sie Ihren Welpen nicht beaufsichtigen können, beispielsweise über Nacht, sollten Sie ihn in seiner Kiste einsperren. Die Kiste sollte gerade so groß sein, dass Ihr Welpe darin aufstehen, sich hinsetzen, umdrehen und hinlegen kann. Wenn Sie diese Größe beibehalten, stellen Sie sicher, dass er die Kiste als seine Höhle ansieht und sie nur ungern verschmutzt. Achten Sie nur darauf, dass Sie Ihren Welpen nicht länger in der Kiste lassen, als er körperlich in der Lage ist, seine Blase zu halten. Führen Sie Ihren Welpen immer aus, bevor er in die Kiste geht und sofort nachdem Sie ihn freigelassen haben.

Wenn Sie Ihrem Welpen ausreichend Gelegenheit geben, sein Geschäft in der Toilette zu verrichten, ihn konsequent belohnen und ihn in der Kiste halten, wenn Sie ihn nicht beobachten können, sollte das Stubentraining schließlich erfolgreich sein. Allerdings hängt die Dauer des Trainings auch vom Grad der Hartnäckigkeit Ihres Hundes ab. Auch hier sind Konsequenz und positive Verstärkung - ganz zu schweigen von Geduld - entscheidend. Belohnen und loben Sie Ihren Welpen immer, wenn er sein Geschäft in der Toilette verrichtet, damit er lernt, es auf diese Weise zu tun. Wenn Ihr Welpe einen Unfall hat, bestrafen Sie ihn nicht, denn er wird es nicht verstehen - er wird die Bestrafung nicht mit dem Verbrechen in Verbindung bringen und stattdessen lernen, Sie zu fürchten - und außerdem, wie im vorherigen Abschnitt erwähnt, reagieren Hunde sehr empfindlich auf Schimpfen oder negative Kritik. Im nächsten Kapitel gehe ich noch etwas genauer auf das Stubentraining ein.

Tricks lehren und Spiele spielen

Eine lohnende Art, eine Bindung aufzubauen und viel Zeit mit Ihrem Hund zu verbringen, ist es, Spielzeit mit dem Erlernen von Tricks einzubauen, die sicher mit viel Spaß und Freude gefüllt sein wird. Spiele sind auch die ideale Übung für Ihren Hund, weil sie weniger anstrengend und sicherer sind. Beim Erlernen von Tricks sollte nur positive Verstärkung angewendet werden. Bestrafen Sie Ihren Hund niemals dafür, dass er den Trick nicht ausführen kann.

Apportieren - Ihrem Hund beizubringen, wie man apportiert, ist wahrscheinlich der nützlichste Trick, den er lernen kann. Sie können ihm beibringen, dass, wenn Sie zu faul sind, etwas zu holen, er es für Sie holen kann. Und es ist ein unterhaltsames Spiel für ihn, das ihm als tägliche Übung dient. Sie sollten mit Gegenständen beginnen, die ihn reizen, wie zum Beispiel ein Ball, ein Kauspielzeug oder ein Knochen. Achten Sie darauf, dass Sie den Gegenstand, den er apportieren soll, richtig und wiederholt kennzeichnen, bevor Sie ihn werfen und wenn er ihn zurückbringt, geben Sie ihm eine Belohnung. Wenn sich sein Wortschatz erweitert, können Sie ein Spiel daraus machen, indem Sie ihn bitten, den Gegenstand unter vielen anderen Gegenständen am gleichen Ort zu identifizieren. Immer wenn er es richtig macht, wäre es eine gute Idee, den Preis zur Motivation zu erhöhen.

Verstecken – Verwenden Sie die Wörter und Gegenstände, die er bereits kennt, aber anstatt ihn aufzufordern, sie zu holen, bringen Sie ihm bei, wie man sie versteckt und wie man sie suchen muss. Border Collies werden dieses Spiel lieben, da sie gerne Dinge verstecken und später wieder ausgraben. Belohnen Sie ihn für jedes versteckte und gefundene Objekt.

Hingehen – Dies ist auch ein guter Trick für die Disziplin, der verwendet werden kann, um ihm beizubringen, wie er ins Bett oder auf seine Toilette geht, um seine Blase oder seinen Darm zu entleeren. Ähnlich wie bei dem Kommando „Holen" müssen Sie nur auf den Ort zeigen und ihn richtig und wiederholt benennen. Wenn er es richtig macht, geben Sie eine Belohnung.

Problemverhalten beenden, bevor es beginnt

Sie können bei Ihrem neuen, untrainierten Welpen mit Problemverhalten rechnen. Deshalb sollten Sie es von Anfang an in den Griff bekommen. Es liegt in Ihrer Verantwortung, ihm zu zeigen, was in Ordnung ist und was nicht. Wenn Sie ihn nicht richtig disziplinieren, wird er sein schlechtes Verhalten fortsetzen, wenn er älter wird, und er wird nicht verstehen, warum Sie sauer auf ihn sind, wenn er etwas Schlechtes tut. Ihren Hund ohne Grund zu disziplinieren ist grenzwertig missbräuchlich, verwirrend und einschüchternd für ihn.

Wenn Ihr Border Collie-Welpe plötzlich bedrohlich wird, wenn er größer ist, wird er auch die Idee in seinem schönen Kopf haben, dass er das Alphatier ist. Für ihn bedeutet dies, dass er Ihnen nicht zu gehorchen braucht. Es wird auch nicht seine Schuld sein, sondern Ihre, weil Sie es versäumt haben, sich als Alphatier über ihn zu etablieren.

Nehmen wir an, Sie haben keinen Welpen bekommen, sondern einen älteren, untrainierten Hund aus dem Tierheim. Er strotzt vor problematischen Verhaltensweisen. Gut für Sie, dass Sie ihn gerettet haben. Noch besser für Sie ist, dass es noch nicht zu spät ist, die Dominanz zu etablieren und ihm ein „Nein" beizubringen.

Viele Tierhalter machen den Fehler, zu leicht oder zu hart zu ihren Hunden zu sein. Harte körperliche Disziplin ist in der Regel nie notwendig. Und Ihren Hund zu verwöhnen und problematische Verhaltensweisen zu ignorieren, ist keine gute Idee. Sie müssen ein Gleichgewicht finden, indem Sie sanft, aber bestimmt vorgehen, um eine Harmonie zwischen ihm und Ihnen als dem Alphatier herzustellen.

Wenn Sie etwas nicht mögen, können Sie Nein sagen. Sie haben das letzte Wort darüber, was Ihr Hund tun darf und was nicht. Haben Sie keine Angst davor, das Alphatier zu sein und ihm gegenüber herrisch zu werden. Er muss auf Sie hören und das war's.

Alle domestizierten Hunderassen sehnen sich nach Ihrem Training und der Etablierung des Alphatiers. Einige Hunde sind leichter zu trainieren als andere. Andere Hunde sind hartnäckiger. Seien Sie einfach geduldig und beharrlich bei Ihrem Training. Nur so können Sie Ihren Hund dazu bringen, zu erkennen, was Sie wollen.

Seien Sie außerdem konsequent. Es wird Ihnen nicht gelingen, Ihrem Welpen oder älteren Hund problematische Verhaltensweisen abzugewöhnen, wenn Sie ihn manchmal disziplinieren und manchmal ignorieren.

Vermeiden Sie es, ihn für Dinge zu disziplinieren, die er vor langer Zeit getan hat. Er wird sich nicht daran erinnern. Vermeiden Sie auch, ihn innerhalb von zehn Minuten nach der Disziplinierung zu loben oder ihm Leckereien zu geben, da Sie sonst widersprüchliche Botschaften senden. Sie möchten ihn vielleicht verhätscheln und trösten, wenn er sich zusammenkauert und schmollt, nachdem Sie Nein gesagt haben, weil er ein süßer kleiner Welpe ist, aber geben Sie dieser Versuchung nicht nach. Das Wichtigste ist, dass Sie bei Ihrem Training immer sehr hart und konsequent sind.

Entmutigen Sie immer schlechtes Verhalten und belohnen Sie gutes Verhalten.

Richtige Disziplin

Es gibt ein paar Formen der richtigen Disziplin, die Sie bei Ihrem Border Collie anwenden sollten:

- *Dominanztraining:* Wenn Ihr Welpe sich Ihnen gegenüber aggressiv verhält oder sich weigert, Ihnen zu gehorchen, zeigen Sie ihm mit Dominanztraining, wer der Boss ist. Sie müssen nicht aggressiv oder gemein sein, um die Dominanz zu etablieren. So geht's: Fassen Sie ihn mit einer Hand am Fell und mit der anderen an der Schnauze. Stellen Sie sich über ihn und halten Sie seinen Kopf nach unten. Wenn er schließlich seinen Körper wieder aufrichtet oder zu Ihnen aufschaut, bedeutet das, dass er sich unterwirft. Lassen Sie los und loben Sie ihn. Ziehen Sie einfach fest an der losen Haut um seinen Hals, um Dominanz zu zeigen, ohne ihm dabei irgendwelche Schmerzen zuzufügen.
- *Nein-Sagen:* Ein lautes und festes „Nein" kann Wunder bewirken, um Ihren Border Collie zu trainieren, kein böser Hund zu sein. Wenn Sie das Alphatier sind, wird Ihre Stimme Ihren Hund zum Gehorsam zwingen. Er respektiert Sie, indem er auf Ihr Kommando hört und sich danach sehnt.
- *Auszeit:* Sie können Ihren Hund wegschicken, indem Sie ihn gelegentlich in eine Auszeit setzen. Dies ist eine wirkungsvolle und sinnvolle Bestrafung, also missbrauchen Sie sie nicht. Suchen Sie sich einen langweiligen Ort, an dem es ruhig ist, wie beispielsweise die Waschküche, die Veranda oder draußen, wenn dort nichts los ist. Wenn Ihr Hund etwas tut, was er nicht tun darf, sagen Sie ihm einfach „Auszeit" und bringen Sie ihn an den Auszeitplatz. Binden Sie Ihren Hund an einer gekürzten Leine so lange an, bis er sich bequem hinlegen oder hinsetzen kann, ohne dass er sich verletzen oder schlimmer noch ersticken kann. Lassen Sie ihn dort für etwa fünf Minuten allein. Wenn er sich schließlich beruhigt hat, lassen Sie ihn frei.
- *Gutes Verhalten:* Trainieren Sie Ihrem Hund gute Verhaltensweisen an. Wir werden dies gemeinsam in den

kommenden Abschnitten dieses Kapitels eingehend behandeln. Aber grundsätzlich wollen Sie ihm gute Verhaltensweisen beibringen, um schlechte Verhaltensweisen zu ersetzen. Belohnen Sie alle guten Verhaltensweisen. Wenn er jedoch ein schlechtes Verhalten zeigt, sagen Sie ihm „Nein" und befehlen Sie ihm, das gute Verhalten auszuführen. Ein gutes Beispiel dafür ist, wenn Ihr Hund bellt. Bringen Sie ihm das Kommando „Ruhe" bei und erwarten Sie, dass er gehorcht. Belohnen Sie ihn, wenn er es tut. Sie wollen ihm zeigen, wie er sich verhalten soll und das Lehren guter Verhaltensweisen ist eine gute Möglichkeit, dies zu tun.

Kein Anspringen

Hunde neigen dazu, Menschen, die sie lieben, als eine Form der Begrüßung anzuspringen, besonders Sie. Sie wollen damit ihre Liebe zu Ihnen ausdrücken, sie freuen sich, dass Sie wieder in Sichtweite sind und möchten am liebsten gestreichelt werden. Springen ist ihre Art zu sagen „Schau mich an!". Während dies bei einem kleinen Hund oder einem Welpen niedlich sein mag, kann es lästig werden, wenn er über 10 Kilo schwer wird. Es kann Gäste stören und ihnen Unbehagen bereiten sowie möglicherweise Ihre Familientreffen auf negative Weise stören, Ihr Kleid oder Ihre Hose schmutzig machen und Sie aus dem Gleichgewicht bringen, wenn sie Sie auf ihren Hinterbeinen begrüßen, Sie zum Umfallen bringen oder Ihre Einkäufe fallen lassen, wenn Sie durch die Tür kommen. Das kommt vor. Deshalb sollten Sie, egal wie groß Ihr Hund ist, damit beginnen, ihm beizubringen, dass es kein höfliches Verhalten ist, auf Menschen zu springen.

Beginnen Sie damit, „Aus" zu sagen, wenn Ihr Hund auf Sie springt. Verlassen Sie dann den Raum. Gehen Sie ein paar Sekunden später wieder hinein und wiederholen Sie dies bei Bedarf. Er wird es nicht mögen, dass Sie gehen, wenn er Sie anspringt.

Sobald Ihr Border Collie aufhört, Sie anzuspringen, belohnen Sie ihn mit viel warmer und kuscheliger Aufmerksamkeit. Beugen Sie sich auf seine Höhe hinunter, um ihn zu streicheln. Zeigen Sie ihm, dass er keine Aufmerksamkeit einfordern muss, indem er auf Sie springt, denn Sie werden sie ihm auf seiner Höhe geben, wenn Sie bereit sind.

Wenn Ihr Hund trotz Ihrer Bemühungen, ihn zu trainieren, nicht aufhört, auf Menschen zu springen, oder wenn er andere aufmerksamkeitssuchende Verhaltensweisen an den Tag legt, wie zum Beispiel das ständige Beinhüpfen, dann können Sie die Auszeitmethode anwenden. Entfernen Sie ihn einfach aus dem Raum und binden Sie ihn für ein paar Minuten an, wenn er springt, buckelt oder das tut, was Sie nicht mögen. Verwenden Sie dies natürlich nur als letzten Ausweg. Schließlich sollte er, wenn er gut trainiert ist, sofort jedem Ihrer Befehle gehorchen.

Kein Kauen

Kauen ist ein natürliches Verhalten, das alle Hunde an den Tag legen. Das Kauen hilft Ihrem Hund, seine Zähne gesund zu halten. Welpen, die zahnen, neigen besonders dazu, auf allem und jedem zu kauen, was sie in die Finger bekommen.

Es ist wichtig, Ihrem Hund sichere und gesunde Hundeknochen und Kauspielzeug zu geben, um sein Maul und seinen Geist etwas zu beschäftigen, wenn ihm sonst langweilig ist.

Wenn Sie Ihren Hund dabei erwischen, wie er zum Beispiel auf Ihrem neuen Schuh herumkaut, entfernen Sie ihn sofort und machen Sie ihm klar, dass er das nicht darf. Ersetzen Sie den Schuh durch ein Spielzeug oder einen Knochen.

Kein Graben

Viele Hunde graben. Einige Hunde tun dies, weil sie speziell zum Graben nach Beute gezüchtet wurden. Andere Rassen, wie Huskies, tun dies, um eine kühle Höhle zu schaffen, in der sie sich hinlegen und abkühlen können. Wieder andere tun es aus Langeweile. Weiche Erde und Sand üben auf Hunde einen besonderen Reiz aus, der nur schwer zu durchbrechen ist.

Um das Graben zu verhindern, sollten Sie Ihrem Hund beibringen, nur an bestimmten Stellen zu graben. Wenn möglich, schaffen Sie ihm einen speziellen Platz, an dem es Ihnen nichts ausmacht, wenn er dort gräbt. Vergraben Sie Spielzeug oder Knochen in der Erde und lassen Sie ihn danach graben. Die meisten Hunde lieben diese Aktivität.

Sie können auch eine Dose mit Münzen, Flaschendeckeln oder anderem Gerümpel füllen. Verstecken Sie sich und beobachten Sie Ihren Hund. In dem Moment, in dem er anfängt zu graben, schlagen Sie auf die Dose, um ihn zu erschrecken. Bald wird er eine Assoziation zwischen dem Graben und dem unangenehmen Geräusch der geschüttelten Dose herstellen, so dass er nicht mehr so sehr zum Graben neigt.

Übermäßiges Bellen vermeiden

Der Schlüssel, um Ihrem Hund beizubringen, nicht zu bellen, ist Prävention. Sie möchten ihm beibringen, dass er nicht sofort bellt, wenn irgendetwas passiert oder wenn er aufgeregt ist, Sie zu sehen oder wenn er Angst hat oder einfach neugierig auf ein entferntes Geräusch ist. Wenn er sich langweilt oder frustriert ist, sollten Sie ihm beibringen, seine Gedanken umzulenken und sich mit einer anderen Aktivität zu beschäftigen, die wir oben besprochen haben, anstatt einfach nur dazustehen und ohne angemessenen Grund zu bellen und damit Sie und Ihre Nachbarn verrückt zu machen.

Sie wissen, dass ein Hund von Natur aus bellt. Es ist seine Reaktion auf eine Vielzahl von Dingen. Wenn er bellt, kann er Sie auf eine mögliche Gefahr aufmerksam machen. Er kann andere Tiere oder Hunde warnen, sich fernzuhalten. Vielleicht bellt er, um sein Territorium zu markieren oder um Sie zu begrüßen und seine Aufregung auszudrücken, wenn er zum Spielen geht. Oder er langweilt sich und das Bellen scheint ihm ein lustiger Zeitvertreib zu sein.

Prävention zu Hause mit einem Clicker

Der erste Schritt, um Ihrem Border Collie beizubringen, nicht zu bellen, besteht darin, ihn zur Ruhe zu bringen. Das Kommando „Ruhe" ist eine gute Möglichkeit, das Bellen zu verhindern, wenn Sie zu Hause sind. Sobald er anfängt zu bellen, sagen Sie ihm „Ruhe". Halten Sie ihm ein Leckerli vor die Nase. Wenn er ruhig wird, um daran zu schnuppern, klicken Sie mit Ihrem Clicker und bieten Sie ihm das Leckerli als Belohnung an. Wiederholen Sie dies und belohnen Sie ihn für alle paar Sekunden, die er ruhig ist. Er wird lernen, dass leise sein Leckerli bedeutet. Belohnen Sie ihn in Zukunft immer dann, wenn er leise ist, nachdem sich ein Auslöser ergeben hat. Er wird bald lernen, auf Ihr Kommando zu hören und ruhig zu bleiben. Und schließlich wird die Gewohnheit, ruhig zu sein, Vorrang vor dem Bellen haben.

Wenn er sich weigert, auf Ihr Kommando zu hören, müssen Sie aktiv etwas unternehmen, um ihn vom Bellen abzuhalten. Versuchen Sie, den Reiz zu blockieren, der ihn aufregt. Verwenden Sie auch den Ansatz der Auszeit, um ihn für eine Weile aus dem Reiz herauszunehmen und ihm beizubringen, dass Bellen gleichbedeutend damit ist, allein angebunden zu sein, wo er nicht alles beobachten und erkunden kann, was vor sich geht.

Prävention außer Haus

Wenn Sie außer Haus sind und Ihren Hund nicht mitgenommen haben, können Sie natürlich nicht klicken und Ihren Hund belohnen, wenn er ruhig ist. Sie möchten einige Schritte unternehmen, um sein Bellen zu verhindern, wenn Sie nicht in der Nähe sind.

Versuchen Sie zunächst, so viele Reize wie möglich zu entfernen. Wenn Ihr Border Collie zum Beispiel gerne den Postboten anbellt, sollten Sie die Vorhänge schließen, damit er die Straße nicht sehen kann.

Verwenden Sie ein Citronella-Halsband als humane Methode, um ihn darauf zu konditionieren, Bellen mit dem unangenehmen Geruch von

Citronella zu assoziieren, den Hunde hassen. Dieses Halsband ist dazu da, um ihn zu besprühen, wenn er bellt. Er wird sehr schnell lernen, ruhig zu sein.

Mehr Vorbeugung gegen Bellen, wenn Sie zusammen unterwegs sind

Sie können Ihrem Hund beibringen, nicht mehr so verrückt zu bellen, wenn Sie mit ihm spazieren gehen oder mit dem Auto herumfahren.

Beginnen Sie damit, ihm zu Hause das Kommando „Hier" beizubringen. Halten Sie ihm ein Leckerli vor die Nase und sagen Sie: „Hier". Wenn er das Leckerli ansieht, klicken Sie und bieten Sie ihm das Leckerli an. Wiederholen Sie dies zehn bis 15 Mal, damit es zu einer neuen positiven Gewohnheit wird. Erhöhen Sie dann die Wartezeit auf zwei oder drei Sekunden, damit er das Leckerli ansieht, und wiederholen Sie dies ein Dutzend Mal. Beginnen Sie schließlich damit, ein „Schein-Leckerli" an Ihre Nase zu halten, um ihm beizubringen, dass diese Geste „Hier" bedeutet. Erhöhen Sie die Zeiten weiter bis zu 15 Sekunden.

Bevor Sie in die Öffentlichkeit gehen, beginnen Sie damit, dieses Kommando außerhalb Ihres Hauses zu üben. Halten Sie ihn weiterhin von Reizen fern, die ihn zum Bellen bringen. Lassen Sie ihn 15 Sekunden lang zu Ihnen schauen, bevor er einen Klick und ein Leckerli erhält.

Versuchen Sie nun, in der Öffentlichkeit „Hier" zu sagen, um seine Aufmerksamkeit von dem abzulenken, weswegen er gerade bellt. Versuchen Sie, das Leckerli an Ihre Nase zu halten, um ihm beizubringen, dass diese Geste bedeutet, dass er Sie beobachten soll. Wenn er Sie ansieht, bieten Sie ihm ein Leckerli an. Bald wird er lernen, Sie anzuschauen und aufhören zu bellen, wenn Sie zusammen unterwegs sind.

Sie können diesen Befehl auch ausprobieren, wenn Ihr Hund auf einen bestimmten Reiz hin bellt. Wenn er bellt, halten Sie das vorgetäuschte Leckerli an Ihre Nase und verwenden Sie das

Kommando „Hier", bis er aufhört zu bellen. Bringen Sie ihm bei, seine Aufmerksamkeit jedes Mal von seinem bellenden Katalysator umzulenken.

Vorbeugung, wenn Ihr Hund sich langweilt

Die beste Möglichkeit, das Bellen aus Langeweile zu unterbinden, ist, Ihren Hund davon abzuhalten, sich zu langweilen. Sie wollen ihm beibringen, sich mit Spielzeug, Leckerlis und körperlicher Aktivität zu beschäftigen. Bieten Sie Ihrem Hund mindestens 30 Minuten Bewegung pro Tag. Spielen Sie geistig anregende Spiele mit ihm. Wenn er längere Zeit ohne Sie im Garten oder im Haus sein muss, bieten Sie ihm Dinge an, die ihn beschäftigen, zum Beispiel vergrabene Leckerlis.

Nicht beißen

Von klein auf müssen Sie Ihrem Border Collie-Welpen beibringen, dass es nicht in Ordnung ist, wenn er in Ihre Hände oder Ihren Körper und den Körper anderer Menschen beißt. Das können Sie tun, indem Sie immer mit ihm spielen, während er ein Kauspielzeug in den Händen hält. Zeigen Sie ihm, dass es in Ordnung ist, in das Kauspielzeug zu beißen, indem Sie nicht darauf reagieren, wenn er es tut. Wenn er in Ihre Hand beißt, sagen Sie „Autsch" und gehen Sie weg. Er wird enttäuscht sein, dass die Spielzeit vorbei ist und er wird lernen, Sie nicht zu beißen, wenn er das Spiel mit Ihnen genießen möchte.

Wenn er durch das Weggehen nicht lernt, nicht zu beißen, müssen Sie ihn zurückhalten, damit er das Beißen mit einer Auszeit in Verbindung bringt. Sagen Sie „Auszeit", wenn er beißt und bringen Sie ihn in seinen Auszeitbereich. Binden Sie ihn für fünf Minuten an einer Leine an und ignorieren Sie ihn.

Ihren Hund zu beschäftigen ist eine gute Möglichkeit, ihm das Beißen abzugewöhnen. Das Beißen kann ein großes Problem sein, besonders wenn Ihr Hund sich in der Zahnungsphase der Welpenzeit befindet. Geben Sie ihm viele Kauspielzeuge und Knochen, um sein Maul zu beschäftigen. Bringen Sie ihm bei, dass er auf diesen Spielzeugen kauen darf, aber nicht auf Ihnen oder anderen Menschen.

Kein Jagen

Ihr Border Collie hat ein natürliches Verlangen, Dinge zu jagen, die er als Beute ansieht. Um ihm beizubringen, Beutetiere jeglicher Art nicht mehr zu jagen, können Sie ihm ganz einfach das Kommando „Hier" beibringen, das im Abschnitt über das Bellen beschrieben wird, um ihn dazu zu bringen, auf Sie zu achten, anstatt auf die Beute, die er jagen möchte.

Sie können ihm auch mit einem Leckerli und einem Clicker beibringen, keine Tiere zu jagen. Wenn er jagen will, befehlen Sie ihm, Sie zu anzuschauen oder sich zu setzen. Verwenden Sie ein Leckerli, um seine Aufmerksamkeit zu gewinnen.

Die Auszeit-Methode ist gut, wenn Ihr Hund sich weigert, zuzuhören. Entfernen Sie ihn von der Beute, die er jagen will und binden Sie ihn für fünf Minuten an.

Es ist wichtig, dass Sie Ihren Hund im Freien immer an der Leine führen. Sein Jagdinstinkt ist stark ausgeprägt und lässt sich nicht so leicht unterbrechen. Sie müssen Ihren Hund, andere Tiere und Ihre Nachbarn schützen, indem Sie ihn außerhalb Ihres Hauses an einer ordnungsgemäßen Leine führen.

Wenn Sie Ihren Hund von klein auf an Katzen und andere Haustiere gewöhnen, wird er lernen, diese Tiere als Freunde zu behandeln und nicht als Beute oder seine nächste Mahlzeit. Wiederholter Kontakt und Interaktion zwischen ihm und anderen Tieren wird ihm helfen, diese Tiere zu respektieren.

Kein Weglaufen

Ein Hund, der wegläuft, kann Sie in alle möglichen Schwierigkeiten bringen, oder schlimmer noch, Ihren Hund verletzen oder töten. Sie möchten Ihrem Hund beibringen, nicht wegzulaufen, wenn er sich langweilt oder wenn er etwas wie ein Kaninchen oder ein Reh sieht.

Eine Kastration in jungen Jahren ist eine gute Möglichkeit, Ihren Welpen vom Weglaufen abzuhalten. Die meisten Hunde rennen weg, weil sie einen Partner finden wollen. Wenn Sie Ihr Haustier nicht kastrieren lassen, weil Sie es züchten möchten, können Sie es während der Läufigkeit drinnen halten. Natürlich sollten Sie Ihren Border Collie immer an der Leine führen und ihn in einem eingezäunten Garten halten, aus dem er nicht entkommen kann, indem er über den Zaun springt oder darunter gräbt. Wenn Hunde läufig sind, machen sie vor nichts Halt, um ein „heißes Date" zu finden.

Sollte Ihr Hund weglaufen und dann von selbst nach Hause kommen, belohnen Sie ihn, sobald er wieder nach Hause kommt. Zeigen Sie ihm, dass er geliebt wird. Verhindern Sie das Weglaufen als übergeordnetes Ziel, um Ihren Hund zu schützen.

Keine Aggression

Aggression ist niemals akzeptabel. Ihr Hund kann aus zahlreichen Gründen aggressiv werden. Der beste Weg, mit Aggressionen umzugehen, ist, ihm klar zu machen, dass diese sich niemals gegen Sie und andere richten dürfen und auch in nicht bedrohlichen Situationen nicht toleriert werden. Geben Sie niemals nach, sonst bringen Sie Ihrem Hund bei, dass er der Boss ist und nicht Sie. Zeigen Sie Ihre Dominanz, zeigen Sie ihm, dass er Ihnen gegenüber nicht aggressiv sein soll.

Wenn es an der Tür klingelt oder etwas anderes passiert, das Ihren Hund übermäßig aggressiv reagieren lässt, sollten Sie ihm beibringen, in seine Kiste zu gehen. Beginnen Sie, indem Sie an der Tür klingeln (oder den Auslöser präsentieren, der ihn aggressiv macht) und ihn dann in seine Kiste locken und ihm ein Leckerli geben. Wenn er im Haus ist, bringen Sie ihm bei, den Clicker mit dem Gang in die Kiste zu assoziieren und verwenden Sie den Clicker immer dann, wenn der Auslöser auftritt. Belohnen Sie ihn mit Leckerlis und Lob, wenn er in seine Kiste geht. Die Kiste ist sein sicherer Ort, an dem er sich entspannen kann.

Möglicherweise benötigen Sie auch Auszeiten, wenn Ihr Border Collie aggressiv gegenüber anderen Menschen wird. Wenn er sich aggressiv verhält, sagen Sie ihm „Nein" und sperren Sie ihn an einer kurzen Leine für fünf Minuten in seinen Auszeitbereich, oder so lange, bis er sich beruhigt und aufhört zu bellen und zu knurren. Er wird lernen, dass aggressives Verhalten bedeutet, dass er alleine sein muss.

Wenn Ihr Hund aggressiv wird, weil er Angst hat, versuchen Sie, ihm diese Angst zu nehmen, indem Sie ihm ein Leckerli geben und ihn von dem wegführen, was ihm Angst macht. Setzen Sie ihn sanft und aus sicherer Entfernung seinen Ängsten aus. Beruhigen Sie ihn, indem Sie mit sanfter Stimme mit ihm sprechen. Er wird lernen, darauf zu vertrauen, dass Sie immer alles in Ordnung bringen werden und dass seine Ängste unbegründet sind.

Achten Sie darauf, ihn großzügig zu belohnen, wenn er sich angesichts eines seiner Aggressionsauslöser ruhig verhält. Sie wollen ihm beibringen, dass es das ideale Verhalten ist, ruhig zu sein. Lob und Leckerlis sind angebracht, wenn er ruhig bleibt und nicht aggressiv wird.

Ein Trick, der sich bei Welpen bewährt hat, ist, sein Futter und sein Spielzeug immer so zu handhaben, wie es Ihnen gefällt. Bringen Sie ihm von klein auf bei, dass Sie seine Sachen anfassen dürfen. Er darf nicht territorial werden, wenn Sie das anfassen, was er als seins betrachtet. Er wird lernen, zu akzeptieren, dass Sie sich in seine Sachen einmischen und Ihnen gegenüber nicht aggressiv werden.

Kapitel 11: Clicker-Training

In diesem Kapitel werde ich auf den Clicker eingehen, während ich Schritt für Schritt vorgehe und Ihnen alle Trainingsbefehle beibringe. Das liegt daran, dass ich den Clicker sehr befürworte und Sie das auch tun sollten. Das Clicker-Training ist eine sehr effektive Methode, um in den Kopf Ihres Hundes zu gelangen und sein Unterbewusstsein so auszurichten, dass er instinktiv auf ein Kommando reagiert, sobald ein Befehl damit trainiert wird. Das Wesen des Clicker-Trainings besteht darin, ein Hunde-Clicker-Gerät zu verwenden, das ein klickendes Geräusch macht, um Ihrem Hund eine Assoziation zwischen dem Klang des Klicks, einem Befehl und einer Belohnung beizubringen, wenn er den Befehl befolgt. Hunde lernen schnell durch Konditionierung und der Clicker hilft wirklich, diese Konditionierung zu festigen.

Zu beachtende Dinge beim Clicker-Training

Das erste, was Sie verstehen müssen, ist, dass der Clicker ein Lehrgerät ist. Er ist nicht etwas, das Sie immer verwenden müssen. Sobald Ihr Hund gelernt hat, Ihre Befehle zu befolgen, können Sie den Clicker weglegen. Sie müssen ihn nicht während des gesamten Lebens Ihres Hundes ständig bei sich tragen.

Die zweite Sache, die Sie beachten sollten, ist, dass Leckerlis nicht die einzige Belohnung sind, die Sie anbieten können. Sie sind sehr effektiv, besonders wenn Sie Ihren Hund anfangs trainieren. Sobald er jedoch die Kommandos beherrscht, können Sie sein gutes Verhalten häufiger mit Liebe und Lob, einem Spielzeug und nur gelegentlich einem Leckerli belohnen. Mischen Sie es, damit er im Bilde ist und sich darauf freut, was er bekommen könnte, wenn er Ihnen gehorcht.

Schließlich müssen Hundeleckerlis nicht unbedingt kalorienreich sein. Geben Sie Ihrem Hund kleine Dinge, wie ein winziges Stück

Dörrfleisch oder ein Maiskorn. Bewahren Sie diese Leckerlis versteckt auf. Wenn Sie zum Beispiel versuchen, Ihrem Hund das Sitzen beizubringen, sagen Sie ihm das Kommando „Sitz". Wenn er es tut, holen Sie das Spielzeug oder Leckerli aus Ihrer Tasche hervor und geben es ihm.

Eine gute Übung ist es, Ihren Border Collie während des Spiels anzuhalten und ihm ein Kommando zu geben. Nehmen Sie ihm sein Spielzeug weg und halten Sie es fest. Verwenden Sie ein Kommando. Wenn er es befolgt, klicken Sie und geben Sie ihm dann das Spielzeug zurück.

Wie der Clicker funktioniert

Der Clicker arbeitet mit dem, was in der Ausbildung Ihres Hundes als Shaping bekannt ist. Shaping bedeutet, dass Sie Ihrem Hund in progressiven Schritten einen gewünschten Befehl beibringen. Sie formen seinen Geist, indem Sie ihn jedes Mal belohnen, wenn er einen Schritt wie gewünscht ausführt. Außerdem fügen Sie bei jedem aufeinanderfolgenden Shaping mehr Zeit hinzu, um den Befehl zu halten. Schließlich wird Ihr Welpe lernen, das Klickgeräusch mit einer Belohnung zu assoziieren. Er wird lernen, dass er ein Klicken hört, wenn er etwas tut, was Sie von ihm verlangen und dass er dann eine Belohnung erhält. Schließlich wird die Konditionierung so stark werden, dass er den Clicker oder das Leckerli nicht mehr benötigt. Er wird einfach das tun, was Sie ihm befehlen.

Sie fragen sich vielleicht, warum ein Clicker besser ist als einfach nur „Brav" zu sagen oder ein anderes verbales Signal zu geben. Das liegt daran, dass der Clicker ein einzigartiges Geräusch ist, das Ihr Hund nicht mit etwas anderem verwechseln kann. Die menschliche Stimme kann in Ton und Klang zu verschiedenen Zeiten variieren und manche Kommandos klingen ähnlich wie viele andere Wörter. Aber der Clicker variiert niemals in Lautstärke oder Klang. Er ist beständig. Und wir lieben Beständigkeit beim Training eines Hundes.

So führen Sie das Clicker-Training durch

Verwenden Sie den Clicker immer dann, wenn Sie Ihrem Hund ein neues Kommando, Verhalten oder einen Trick beibringen. Verwenden Sie einen Klick, wenn er den Befehl richtig macht. Lassen Sie dann eine Belohnung folgen.

Konsequenz ist der Schlüssel. Sie möchten den Clicker genau in dem Moment verwenden, in dem Ihr Hund das Kommando ausführt. Sie können ihn verwenden, wenn er einen von Ihnen gegebenen Befehl befolgt oder wenn er etwas von sich aus tut. Verwenden Sie Ihren Clicker während des Trainings, bis Ihr Hund das Hören auf Sie perfektioniert hat.

Beginnen Sie damit, Ihrem Welpen ein Kommando beizubringen. Wenn Sie ihm das Bleiben beibringen, klicken Sie nur und belohnen Sie ihn, wenn er ganz still ist. Wenn Sie ihm „Sitz" beibringen, müssen Sie seinen Körper möglicherweise in eine Sitzposition bringen. Sobald er sich hinsetzt, klicken Sie und belohnen ihn. Auf diese Weise lernt er genau, welches Verhalten erwünscht ist, wenn Sie ihm ein Kommando oder einen Hinweis geben.

Sie können ihm auch beibringen, das Reagieren auf einen bestimmten Reiz mit einem gewünschten Verhalten zu verbinden. Zum Beispiel können Sie ihm mit dem Clicker beibringen, ruhig zu bleiben, wenn der Postbote kommt. Klicken Sie und belohnen Sie ihn, wenn er den Postboten nicht anbellt.

Bieten Sie niemals einen Klick oder eine Belohnung an, wenn Ihr Border Collie die gewünschte Handlung nicht ausführt. Dies wird ihn nur verwirren. Sie wollen konsequent bleiben. Bringen Sie ihm bei, dass er Klicks und Belohnungen nur dann erwarten kann, wenn er das tut, was Sie wollen.

Wenn Ihr Hund nicht auf das Clicker-Training reagiert, dann denken Sie daran, dass Sie etwas falsch machen. Vielleicht verwirren Sie ihn.

Versuchen Sie, ihm den Befehl oder das Stichwort mehr beizubringen. Seien Sie klarer, direkter dabei und eliminieren Sie Ablenkungen.

Vielleicht bieten Sie zu viele Leckerlis an, so dass er mit dem Essen beschäftigt ist und nicht auf Sie hört. In diesem Fall sollten Sie eine Pause einlegen, 20 Minuten in etwa. Dann nehmen Sie das Training wieder auf. Mischen Sie es ein wenig und bieten Sie andere Belohnungen als Leckerlis an. Andererseits kann es sein, dass die Belohnung, die Sie anbieten, für ihn nicht ausreicht.

Knabbert und spuckt er, oder verschlingt er die Leckerlis? Vielleicht sieht Ihr Hund es nicht als lohnenswerte Anstrengung an. Ändern Sie in einem solchen Fall die Belohnung in etwas, das er bevorzugt. Tauschen Sie ein unbeliebtes Spielzeug mit seinem Lieblingsspielzeug aus oder finden Sie Leckerlis, die er wirklich mag.

Vielleicht haben Sie Ihren Hund nur zu Hause trainiert. Jetzt, wo Sie draußen in der Öffentlichkeit sind, denkt er, dass der Kontext ein anderer ist. Arbeiten Sie daran, sich an neue und andere Umgebungen zu gewöhnen, damit er versteht, dass Kommandos oder Hinweise immer gleich sind, egal wo er ist.

Das Clicker-Training kann mit einigen Versuchen und Fehlern verbunden sein. Betrachten Sie dies als eine langfristige Partnerschaft mit Ihrem speziellen kleinen Freund. Richten Sie sich bei dem, was Sie tun und wie Sie es tun, nach seinen Reaktionen. Behalten Sie, was funktioniert, lassen Sie weg, was nicht funktioniert und ersetzen Sie es durch das, was funktioniert. Befehl, Klick, Leckerli.

Kapitel 12: Die Stubenreinheit

Stubenreinheit ist die unbeliebteste Aufgabe für alle Welpenbesitzer, aber sie ist sowohl für einen gesunden erwachsenen Hund als auch für ein sauberes Zuhause unerlässlich. Es ist ein mühsames Training und es wird Tage geben, an denen Sie das Gefühl haben, dass das Training nicht gut funktioniert. Aber Sie dürfen nicht verzweifeln und müssen weitermachen. Mit einem Border Collie sollte es eigentlich eine relativ leichte Aufgabe sein, denn er legt viel Wert darauf, sein Herrchen glücklich zu sehen. Und da er ein intelligenter Hund ist, wird er erkennen, dass seine Angewohnheit, die Toilette am falschen Ort zu benutzen, Sie unglücklich macht. Bevor Sie mit dem Training beginnen, müssen Sie diese beiden Regeln umsetzen:

1. Welpen sollten nicht frei herumlaufen, wenn niemand anwesend ist. Sie müssen überwacht werden, wenn sie sich außerhalb ihres zugewiesenen Welpenbereichs aufhalten. Das Risiko, dass Ihr Welpe in der Kiste seines kleinen Welpenbereichs einen Unfall hat, ist sehr gering.
2. Ihr Welpe sollte ständigen, einfachen Zugang zu dem Ort haben, an dem Sie das Training durchführen möchten. Alternativ müssen Sie auf häufige Ausflüge ins Freie vorbereitet sein, sobald Sie mit dem Stubenreinheitstraining beginnen.

Wenn diese Regeln aufgestellt sind und von allen eventuellen Familienmitgliedern verstanden werden (jeder wird helfen müssen, sie durchzusetzen), müssen Sie einige Entscheidungen über das Training selbst treffen.

Verstehen Sie Ihren Border Collie

Border Collies sind sehr intelligente Hunde. Sie verstehen beim Training sehr schnell, da sie darum bemüht sind, ihren Menschen zu gefallen. Sobald Ihr Hund versteht, was Sie von ihm wollen, wird er versuchen, es Ihnen recht zu machen. Sie müssen dabei jedoch äußerst konsequent sein. Das bedeutet jedoch nicht, dass Ihr Welpe innerhalb einer Woche stubenrein ist. Es wird genauso lange dauern, Ihren Border Collie zu trainieren, wie es bei den meisten anderen intelligenten Hunden dauert.

Wenn Sie jedoch inkonsequent sind, wird Ihr Border Collie nicht leicht zu erziehen sein. Er muss wissen, dass die Regeln immer gelten, um zu verstehen, dass er beispielsweise regelmäßig eine Welpenunterlage oder den Außenbereich benutzen muss, um sein Geschäft zu verrichten. Wenn Sie sich für ein Training im Haus mit einer Welpenunterlage entscheiden, sollten Sie sich bewusst sein, dass Sie das Training schnell nach draußen verlegen sollten. Es wird für den Welpen schwierig sein zu verstehen, warum es plötzlich nicht mehr akzeptabel ist, die Toilette drinnen zu benutzen – oder zu verstehen, wo die Welpenunterlage plötzlich geblieben ist.

Wenn Sie das Training im Freien beibehalten, wird die Stubenreinheit auf lange Sicht einfacher. Sie sollten hierfür einen bestimmten Bereich auswählen, bevor Ihr Welpe ankommt. Wenn sich dieser ausgewiesene Bereich in der Nähe der Haustür befindet, ist es für Ihren Welpen einfacher, da er nach dem Gassigehen schnell dorthin gelangen kann. Das Training an der Leine ist vorteilhaft, denn dadurch können Sie sicherstellen, dass Ihr Welpe in den ersten Tagen auch wirklich an den vorgesehenen Ort geht.

Konsequenz und Autorität sind der Schlüssel zum Training eines jeden Hundes. Geben Sie nicht nach, wenn Ihr Hund Sie mit seinen süßen, traurigen Augen ansieht. Wenn Sie das tun, wird er wissen, wie er Sie dazu bringen kann, nachzugeben. Das Training liegt ganz bei Ihnen und Ihrer Fähigkeit, sich an die von Ihnen aufgestellten Regeln zu halten.

Regelmäßige Intervalle für die Toilettenpause sind der beste Weg, um sicherzustellen, dass dies nicht zu einem langfristigen Problem wird. Wenn Ihr Welpe in der Lage ist, eine Toilettenpause zu erwarten, fällt ihm das Warten leichter, sodass er Ihre Regeln befolgen kann.

Positive Verstärkung

Obwohl der Border Collie unglaublich sympathisch ist, muss er lernen, Sie zu respektieren und nicht nur Ihre Gesellschaft zu genießen. Wenn Ihr Welpe lernen soll, dass Sie der Boss sind und dass er Ihre Regeln respektieren muss, ist positive Verstärkung enorm wichtig.

Ihr Hund möchte die Dinge auf Ihre Weise tun, um Ihnen zu gefallen, was das Training schließlich so einfach macht. Positive Verstärkung ist dabei die beste Belohnung, die Sie Ihrem Welpen anbieten können. Sein eigener Wunsch, in einem sauberen Raum zu hausen, wird beim Trainieren der Stubenreinheit ebenfalls helfen.

Es ist nicht effektiv, einen Hund für Fehler zu bestrafen. Oftmals sind Sie ohnehin nicht anwesend, wenn er etwas kaputtmacht oder eventuell auf den Teppich uriniert. Wenn Sie ihn später dafür bestrafen, dann wird er diese Bestrafung nicht mit seinem Missgeschick in Verbindung bringen können und somit nicht wissen, weshalb Sie so wütend sind. Das bedeutet, dass Sie dem Welpen nicht die Lektion erteilen, die er lernen soll; Sie bringen ihm nur bei, sich vor Ihnen zu fürchten, wenn Sie nach Hause kommen oder den Raum betreten. Hunde lieben es, ihre Menschen um sich zu haben und sie gut gelaunt zu sehen, daher lassen sie sich durch positive Verstärkung einfacher trainieren.

Regelmäßiger Zeitplan

Eine Ihrer letzten Überlegungen ist es, herauszufinden, wann Sie Ihren Welpen trainieren wollen. Die Antwort wird auch davon abhängen, wo das Training beginnen wird – innerhalb oder außerhalb Ihres Hauses.

Hunde gehen eher nach bestimmten Ereignissen auf die Toilette:

- Nach dem Aufwachen (morgens oder nach einem Nickerchen).
- Nach ein paar gemütlichen Stunden in einer Kiste.

- Grundsätzlich beim Spazierengehen.

Achten Sie auf das Verhalten Ihres Hundes, um festzustellen, wann er mit größerer Wahrscheinlichkeit auf die Toilette gehen muss. Dies kann helfen, den Trainingsprozess zu beschleunigen.

Kapitel 13: Typische gesundheitliche Probleme

Wie andere reinrassige Hunde auch, sind Border Collies anfällig für gesundheitliche Probleme. Dazu gehören:

Hüftdysplasie

Dies ist eine Fehlbildung der Hüftpfanne des Hundes. Sie sollte mit Hilfe von Röntgenaufnahmen diagnostiziert werden, da man sie nicht immer mit bloßem Auge erkennen kann. Züchter sollten ihre Border Collies immer auf diesen Zustand untersuchen lassen. Sowohl Hüfte als auch Ellbogen sind anfällig für Dysplasie, eine Erbkrankheit, die eine falsche Entwicklung der Gelenke verursacht und zu Arthritis führt. Steifheit in den Ellenbogen oder Hüften Ihres Border Collies kann zu einem Problem für ihn werden, besonders wenn er älter wird. Vielleicht bemerken Sie, dass er anfängt, eine gewisse Lahmheit in seinen Beinen zu zeigen oder Schwierigkeiten hat, aus dem Liegen aufzustehen.

Progressive Netzhautatrophie (PRA)

PRA ist eine Augenerkrankung, die häufig bei Border Collies auftritt. Es handelt sich um eine degenerative Erkrankung, die die Sehkraft des Hundes allmählich verringert. Letztendlich führt sie zur Erblindung. PRA beginnt in der Regel im Alter von drei Jahren, aber es gibt auch Tests, mit denen sie in einem frühen Alter festgestellt werden kann.

Es gibt keine Behandlung für PRA, aber man kann die Auswirkungen der Krankheit in den Griff bekommen. Border Collies sind so intelligent, dass sie sich oft sehr gut an den Verlust ihres Sehvermögens anpassen.

Epilepsie

Epilepsie ist eine Erbkrankheit bei Border Collies, die bei dieser Rasse sogar recht häufig vorkommt. Die Hauptauswirkung der Epilepsie bei Border Collies sind Krampfanfälle. Anzeichen für Epilepsie bei Ihrem Border Collie können innerhalb der ersten sechs Monate auftreten. Derzeit gibt es keinen Screening-Test für dieses Gesundheitsproblem.

In den meisten Fällen wird Epilepsie bei Border Collies mit Medikamenten behandelt. Die Anzeichen eines epileptischen Anfalls zu erkennen und zu wissen, wie man damit umgeht, ist auch für die richtige Behandlung von Epilepsie bei Border Collies wichtig.

Collie-Augenanomalie (CEA)

Die Collie-Augenanomalie (oder CEA) tritt bei Welpen und Hunden bis zu einem Alter von etwa zwei Jahren auf. Es handelt sich um eine vererbte Störung, die die Aderhaut betrifft. Dies ist ein Gewebe, das die Netzhaut des Auges mit Sauerstoff versorgt. CEA kann dazu führen, dass sich die Aderhaut verdünnt, was in schweren Fällen zu Erblindung und intraokularen Blutungen führen kann.

Es gibt keine Heilung für CEA. In leichten Fällen kann sich die Erkrankung nicht weiter verschlimmern, so dass keine wirkliche Behandlung erforderlich ist. In schweren Fällen kann eine Operation erforderlich sein, um einige der Symptome zu lindern. Besprechen Sie alle Behandlungsmöglichkeiten mit Ihrem Tierarzt.

Routinepflege, Ernährung und Bewegung

- Planen Sie eine regelmäßige Pflege in Ihren Zeitplan ein, damit Ihr Border Collie länger lebt, gesünder bleibt und ein glückliches Leben führen kann. Die richtige Ernährung und regelmäßige Bewegung sind von großer Bedeutung für die Gesundheit Ihres Border Collies.
- Beaufsichtigen Sie Ihren Hund wie ein Kleinkind. Halten Sie Türen geschlossen, räumen Sie hinter sich auf und sperren Sie

Räume ab, wenn nötig. So halten Sie Ihr Tier von Schwierigkeiten und von Gegenständen fern, die es nicht in den Mund nehmen sollte.
- Reinigen Sie seine Ohren wöchentlich, auch schon als Welpe.
- Der Border Collie ist ein kluger Hund mit viel Energie, also halten Sie seinen Geist und Körper aktiv, sonst wird es ihm langweilig.
- Achten Sie auf eine gleichmäßige Ernährung Ihres Hundes.
- Geben Sie ihm ein hochwertiges, altersgerechtes Futter.
- Bewegen Sie Ihren Hund regelmäßig, aber übertreiben Sie es anfangs nicht.

Jedes abnormale Symptom könnte ein Anzeichen für eine ernsthafte Erkrankung sein, es könnte sich aber auch nur um ein kleines oder vorübergehendes Problem handeln. Wichtig ist, dass Sie erkennen können, wann und wie dringend Sie einen Tierarzt aufsuchen müssen. Viele Krankheiten verursachen bei Hunden eine charakteristische Kombination von Symptomen, die zusammen ein klares Signal dafür sein können, dass Ihr Border Collie Hilfe braucht.

Haftungsausschluss

Die Umsetzung aller enthaltenen Informationen, Anleitungen und Strategien dieses Buches erfolgt auf eigenes Risiko. Für etwaige Schäden jeglicher Art kann der Autor aus keinem Rechtsgrund eine Haftung übernehmen. Für Schäden materieller oder ideeller Art, die durch die Nutzung oder Nichtnutzung der Informationen bzw. durch die Nutzung fehlerhafter und/oder unvollständiger Informationen verursacht wurden, sind Haftungsansprüche gegen den Autor grundsätzlich ausgeschlossen. Ausgeschlossen sind daher auch jegliche Rechts- und Schadensersatzansprüche. Dieses Werk wurde mit größter Sorgfalt nach bestem Wissen und Gewissen erarbeitet und niedergeschrieben. Für die Aktualität, Vollständigkeit und Qualität der Informationen übernimmt der Autor jedoch keinerlei Gewähr. Auch können Druckfehler und Falschinformationen nicht vollständig ausgeschlossen werden. Für fehlerhafte Angaben vom Autor kann keine juristische Verantwortung sowie Haftung in irgendeiner Form übernommen werden.

Urheberrecht

Impressum

1. Auflage

Johann Schwegler wird vertreten durch:
Joel Ludwig
Tegelbusch 23
26180 Rastede
koalaolabooks@gmail.com

Printed in Poland
by Amazon Fulfillment
Poland Sp. z o.o., Wrocław

21276961R00056